清洁取暖技术与财政补贴研究

QINGJIE QUNUAN JISHU
YU CAIZHENG BUTIE YANJIU

吕连宏　张保留　罗宏　等著

内容简介

本书在总结我国清洁取暖现状、梳理清洁取暖政策、调研清洁取暖技术的基础上，分析清洁取暖存在的问题，系统介绍清洁取暖技术和管理手段，分别从财政补贴政策的主体（政府）和政策客体（农户）的角度出发，对北方地区清洁取暖补贴规模和农户清洁取暖支付意愿进行了测算，针对清洁取暖财政补贴政策提出了优化建议。

本书可供能源与环境经济领域的研究者参考。

图书在版编目（CIP）数据

清洁取暖技术与财政补贴研究/吕连宏等著. —北京：化学工业出版社，2022.4
ISBN 978-7-122-40631-6

Ⅰ.①清… Ⅱ.①吕… Ⅲ.①农村–无污染能源–采暖–关系–财政补贴–研究–北方地区 Ⅳ.①F426.2 ②F812.45

中国版本图书馆 CIP 数据核字（2022）第 018034 号

责任编辑：张　艳　宋湘玲　　　　　　　　装帧设计：王晓宇
责任校对：杜杏然

出版发行：化学工业出版社（北京市东城区青年湖南街 13 号　邮政编码 100011）
印　　装：北京天宇星印刷厂
710mm×1000mm　1/16　印张 12　字数 193 千字　2022 年 5 月北京第 1 版第 1 次印刷

购书咨询：010-64518888　　　　　　　　　售后服务：010-64518899
网　　址：http://www.cip.com.cn
凡购买本书，如有缺损质量问题，本社销售中心负责调换。

定　价：80.00 元　　　　　　　　　　　　　版权所有　违者必究

PREFACE

党的十八大以来,以习近平同志为核心的党中央高度重视生态文明建设和生态环境保护工作,我国生态环境质量持续好转,出现了稳中向好趋势,但成效并不稳固,生态文明建设进入以降碳为重点战略方向、推动减污降碳协同增效、促进经济社会发展全面绿色转型、实现生态环境质量改善由量变到质变的关键时刻。

以煤为主的能源消费结构是我国 SO_2、NO_x、烟尘等污染物排放量巨大,区域性复合型大气污染严重的主要原因之一。为了切实改善大气环境质量,我国在燃煤、工业、扬尘及机动车等领域开展了大量工作。近年来我国大气环境质量开始出现逐步好转态势,但跟发达国家相比仍有巨大差距,特别是北方地区冬季的大气污染问题仍较为突出。北方重灰霾频发时段与集中燃煤在冬季高度重合,以农村民用冬季采暖、工业炉窑散烧为主的散煤燃烧带来的大气污染物排放,对空气质量和人体健康的危害比相同排放量工业源的危害更大,散煤治理是大气污染治理的难点和重点,是解决北方地区大气污染问题的重要环节。为了治理民用散煤,多部门自 2017 年开始共同推动以"双替代"(煤改电、煤改气)为主的北方地区清洁取暖工作,中央财政累计投入数百亿元。通过两个采暖季的实践,完成散煤治理任务 1000 多万户,清洁取暖取得显著成效,能源消费结构不断优化,大气污染物排放持续下降,空气质量达标天数逐年增长,为打赢蓝天保卫战作出了重要贡献。

清洁取暖技术是多样化的,我国北方特别是京津冀及周边地区主要采用"双替代"(煤改电、煤改气)为主的技术路线。"双替代"工作主要依靠中央和地方政府财政补贴推进,设备投入、运维成本较高,改造后农户采暖的经济负担显著增大,严重依赖补贴影响散煤治理中清洁能源替代的可持续性已成业内共识。生态环境部在 2019 年初抽查发现,由于补助资金筹集不到位、管理不规范、划拨不及时,影响了群众用气、用电取暖的积极性。如何推进农村清洁取暖顺利实施与可持续发展，保障农村居民在经济可承受的前提下满足取暖需求，成为迫切需要解决的问题，而研究农户对清洁取暖的支付意愿及影响因素，是重要切入点之一。

本书在梳理我国清洁取暖政策框架、调研清洁取暖技术应用情况的基础上，分门别类地介绍了清洁取暖的技术体系。从根本性的能源结构优化手段，如能源结构调整、城市能源系统优化等；到具体化的能源工程，如锅炉改造、电能替代、天然气替代等；再到能源管理，如能效管理、能源环境经济政策等，分别进行了技术介绍和对比分析。通过开展问卷调查，利用CVM（条件价值评估法）估算农户的清洁取暖支付意愿并分析其影响因素，提出了相关的政策建议，在一定程度上填补了本领域内的研究空缺，可为我国制定下一步北方农村地区清洁取暖政策提供决策参考。

本书是由吕连宏、张保留、罗宏、张志麒、王健、夏捷等专家学者共同完成的。第1章由张志麒、罗宏等完成；第2章由吕连宏、夏捷等完成；第3章由张保留、罗宏等完成；第4章由王健、张志麒等完成；第5章由张保留、张志麒等完成；第6章由罗宏、张志麒等完成；第7章由吕连宏、王健等完成。在研究过程中得到了总理基金"大气重污染成因与治理攻关项目"专题三"大气污染防治综合科学决策支撑"的资助，北京市、保定市、太原市、晋城市等地生态环境主管部门对农村清洁取暖田野调查工作也提供了支持和帮助，在此一并表示感谢。

由于作者水平有限，书中难免存在疏漏与不当之处，敬请广大读者批评指正。

著者
2021年8月

CONTENTS

1	理论基础	001
	1.1 外部性理论	002
	1.2 公共产品理论	003
	1.3 行为经济理论	004
	1.4 绿色治理理论	006
	1.4.1 绿色治理政策	006
	1.4.2 绿色治理技术	014
2	清洁取暖现状与问题	015
	2.1 清洁取暖实施情况	016
	2.1.1 总体情况	016
	2.1.2 京津冀地区实施情况	017
	2.1.3 规划目标完成情况	020
	2.2 清洁取暖政策框架	023
	2.2.1 国家层面	023
	2.2.2 省市层面	034
	2.3 清洁取暖技术应用情况	038
	2.3.1 调研对象总体情况	039
	2.3.2 空气源热泵应用情况	039

	2.3.3　蓄热式电暖器应用情况	043
	2.3.4　燃气壁挂炉应用情况	046
	2.3.5　地源热泵应用情况	049
2.4	清洁取暖存在的主要问题	050

3　清洁取暖技术系统集成　　053

3.1	能源结构	054
	3.1.1　煤炭减量化与清洁化	054
	3.1.2　发展可再生能源	062
	3.1.3　城市能源系统优化	070
3.2	能源工程	073
	3.2.1　锅炉改造	074
	3.2.2　清洁供热	077
	3.2.3　电能替代	084
	3.2.4　燃气替代	086
	3.2.5　可再生能源利用	091
	3.2.6　热泵技术应用	094
3.3	能源管理	101
	3.3.1　节能措施	101
	3.3.2　能效管理措施	105
	3.3.3　能源环境经济政策	105
3.4	清洁取暖技术比较	110
3.5	清洁取暖技术选型的影响因素	112
	3.5.1　发达国家的选型经验	112
	3.5.2　技术选型的主要影响因素	113

4　清洁取暖补贴规模测算　　117

4.1	各地现行清洁取暖补贴标准	118
4.2	户均改造投入测算	128
	4.2.1 施工阶段投资	129
	4.2.2 运行阶段	129
4.3	清洁取暖目标用户测算	130
4.4	现行补贴标准下清洁取暖改造投资测算	131
4.5	近期北方农村地区清洁取暖改造补贴投资测算	134

5 清洁取暖支付意愿及影响因素分析   137

5.1	家庭能源消费影响因素研究进展	138
5.2	数据来源及调查方法	139
	5.2.1 数据来源	139
	5.2.2 调查方法	139
	5.2.3 问卷设计及变量选取	140
	5.2.4 问卷的发放与回收	142
5.3	样本描述性统计	143
	5.3.1 个人及家庭基本信息	143
	5.3.2 现行补贴政策的认知及满意度	144
5.4	支付意愿水平测算	147
5.5	支付意愿的影响因素分析	148
	5.5.1 模型构建	148
	5.5.2 影响因素识别	149
	5.5.3 非显著因素分析	151

6 基于支付能力的清洁取暖补贴政策设计   153

6.1	采暖成本变化情况	154

	6.1.1　历史采暖成本	154
	6.1.2　清洁取暖补贴	155
	6.1.3　清洁取暖费用	156
6.2	居民经济承受能力	159
6.3	政府财政支持能力	162
6.4	基于支付能力的补贴政策建议	164

7	清洁取暖补贴政策建议	165
	参考文献	170
	附录　农村居民清洁取暖态度调查问卷	180

1 理论基础

1.1 外部性理论

1.2 公共产品理论

1.3 行为经济理论

1.4 绿色治理理论

1.1 外部性理论

基于外部性的主体不同，学术界对其定义主要分为两类。一是站在外部性产生主体角度：即"外部性是指那些生产或消费对其他团体强征了不可补偿的成本或给予了无需补偿的收益的情形"，目前多数学者引用的就是这类观点。二是站在外部性的接受主体视角提出的：即"外部性是用来表示当一个行动的某些效益或成本不在决策者的考虑范围内的时候所产生的一些低效率现象；也就是某些效益被给予，或某些成本被强加给没有参加这一决策的人"。

从本质上看，这两种概念其实并无区别，都是在描述一个或一些经济主体对另外一些主体造成的某种影响。若造成的影响是正向的，但是没有索取收益，则称这种行为具有正外部性，也可称为正外部经济效应或外部经济，常见的具有正外部性的例子如一人燃放烟火，多人能够免费欣赏到美景，又如俗语"前人栽树，后人乘凉"所描述的情景。若造成了负向影响却未进行赔偿，则称其为负外部性，又称负外部经济效应或外部不经济，如工厂向河流排放污水影响其他用水者。关于外部性产生的原因，奥尔森认为外部性是"出于利己主义的理论，个体和个体之间以及个体和集体之间的行为很难在某种程度上达成一致"而产生的。而科斯等人则认为外部性产生的主要原因是产权界定的不明晰，是利己主义的个体行为和资源短缺的环境之间的矛盾必然造成的。

在大气污染防治和清洁取暖领域，农户出于自身利益最大化目标，选择燃烧煤炭进行取暖，对大气环境造成了污染，而个人除了支付煤炭购买费用外未对其负外部性行为承担相应的责任，由此产生了外部不经济性。

在具有外部性的领域，政府通过调控实现外部效应的内在化（图 1-1）。通常情况下，政府实现外部效应内在化的主要措施是给予矫正性的税收和财政补贴，通过财政补贴实现正外部效应的内在化，通过税收手段实现负外部效应的内在化。清洁取暖带来的环境改善使社会产生收益，而其清洁取暖改造的额外成本若全部由居民承担，则相当于居民承担了这部分社会效益，产生正外部性，导致清洁取暖行为主体的边际私人效益和边际私人成本偏离，影响清洁取暖改造工程的效果。因此，政府应通过财政补贴来纠正清洁取暖的外部性，即通过改变边际私人收益或成本，将清洁取暖的额外的收益加到清洁取暖价格中，实现外部效应的内部化。假定每家农户进行清洁取暖改造的外部效益为 X 元，为实现农户清洁取暖正外部性的内部化，政府需要给每户发放 X 元的财政补贴，提升每户的清洁取暖边际私人收益，从而扩大农户对清洁取暖的需求。

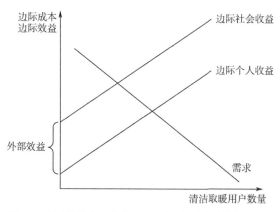

图 1-1 财政补贴实现清洁取暖正外部性内部化的作用机理

1.2
公共产品理论

公共产品理论是对外部性物品特征的具体分析，塞缪尔森在其《公共支出的纯理论》中将"公共产品"形容为"每一个人在消费这种产品时，不会引起他人对产品消费的减少"，即纯公共产品具有三个特征：①效用的不可分割性。公共产品无法被分割，所有人都可享有其产生的效用。②消费的非竞争性。一个人对公共产品的消费并不能减少它对其他人的供应，也可形容为边际生产成本为零，即新增他人参与消费不需额外增加供给成本，如修建完成的灯塔。③消费的非排他性，即公共产品无法通过明晰产权来排除他人对其消费，任何人都能够使用或者消费公共产品。哈丁"公地悲剧"的事例就是公共牧场的非排他性和非竞争性导致其被过度放牧，产生外部不经济性。在公共产品管理及运转过程中，市场机制往往是低效甚至无效的，因此，公共产品的提供者往往是国家和政府。

根据非排他性和非竞争性程度的不同，公共产品又可分为纯公共产品和准公共产品，纯公共产品具有完全的非排他性和非竞争性，如国防、外交、立法等，而准公共产品则介于纯公共产品和私人产品之间，具有有限的非竞争性或非排他性，具有效益外溢的特征，即某地区提供的商品或服务使得本地区外和那些并没有为这些产品或服务作出贡献的人也得到收益，如高等教育、环境治理等，都是典型的准公共产品。

根据以上标准，农村清洁取暖改造工程具有一定的准公共产品属性。首先，农村清洁取暖改造本身就是环境治理的举措之一。其次，从非排他性来看，任何一个农户参与清洁取暖改造都不会影响其他农户的参与，但是从个人角度来看，农户所安装的清洁取暖设备属农户所有，是具有排他性的，因此，农村清洁取暖改造工程的非排他性是不完全的。从非竞争性来看，由于目前农村清洁取暖市场远未饱和，任何农户的参与都不会导致其他农户清洁取暖质量或数量的降低，但当参与的农户数量达到一定规模后，管网改造升级、热源调配等方面的开支随之上升（如用电量上升带来电网扩容支出），边际成本不为零。另外，从效益外溢角度来看，农户进行清洁取暖改造有利于环境质量的提升，而环境质量的提升则会为整个社会带来收益。

环境污染治理具有明显的公共物品属性。空气资源的公共性和流动性使得大气污染物的人为排放产生负外部性，而治理环境污染则具有明显的正外部性。一般而言，市场机制在解决外部性和公共物品问题时是缺乏效率的，而且容易导致不公平问题的产生，此时政府的干预就显得较为重要。

1.3 行为经济理论

行为经济学是以认知心理学的核心理论为基础，研究人们在不完全理性市场中的经济活动和行为的一门学科。传统经济学认为,经济活动的参与者是完全理性的,在选择行动方案时会经过精确计算,达到经济利益的最大化。但实际上,人的经济行为会受到认知水平、传统风俗观念等因素的影响,在做出决策时,通常不能保持完全的理性。行为经济学在传统经济学理论分析的框架下,重点研究非理性因素对经济体行为的影响。它利用心理学分析方法,借鉴了自然科学、社会学等领域的对照实验、问卷调查、访谈等研究方法,通过对所获数据进行统计分析,以期认识人的心理反应机制和行为模式,找到对经济现象的更为合理的解释。

计划行为理论是在理性行为理论基础上提出的解释个人行为决策过程的重要理论。计划行为理论认为个体行为受其行为意愿的直接影响,而个体行为意愿则主要受行为态度、主观规范和知觉行为控制三个因素共同影响。行为态度是指个体对某项行为的认知及其所持态度,一般个体的行为态度越积极,发生该行为的意愿越强烈;主观规范是指对个体行为决策具有影响力的他人或团体产生的影响作用;知觉行为控制是指个体根据以往经验或预期障碍所感知的对某一具体行为的控制程度,一般来说,个体拥有的资源、经验及机会越多,所预期存在的障碍就越少,则对行为的控制认知能力也就越强,发生这项行为的意愿也越显著。

本书基于行为经济理论,并借鉴计划行为理论的分析框架,建立了农户对清洁取暖的支付意愿分析框架,如图1-2所示,对清洁取暖相关概念的认知程度及态度、政策环境以及个人及家庭因素会对清洁取暖支付意愿产生影响,从而影响农户的清洁取暖行为。

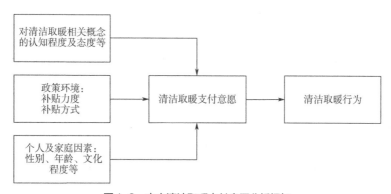

图1-2 农户清洁取暖支付意愿分析框架

1.4 绿色治理理论

目前学界对于绿色治理没有统一的定义。治理理论认为整体环境下各权力主体都是需要通过信息交流、资源共享的方式,在共同的制度约束下,才能就特定的公共问题协调并制定共同的行动方针。鉴于此,"绿色治理"可定义为各公共主体,以绿色、可持续价值理念为导向,基于创建绿色生态环境的考虑,对公共事务进行共同处理、共同决定的过程。实现绿色治理应当妥善处理好"政府-市场-社会"三者相互联系,并加强内在管理。绿色治理可通过绿色治理政策和绿色治理技术实现。

1.4.1 绿色治理政策

绿色治理政策包含的内容较广,本书重点介绍与财政补贴、清洁取暖、能源与环境经济等相关的政策内容,如财政补贴政策、能源环境经济政策等。

1.4.1.1 财政补贴政策

财政补贴是财政转移性支付的重要组成部分,是国家或政府财政部门根据政治经济发展所需,在一定时期内对特定主体给予补助或津贴。其目的在于改变产品或生产要素的相对价格,从而改变资源配置结构和供求结构,促进政策的有效执行,或帮助市场有效运行。财政补贴分为价格补贴、企业亏损补贴、财政补息。从社会经济运行过程的角度来说,财政补贴可分为生产环节的补贴、流通环节的补贴以及消费环节的补贴。

财政补贴主要基于三类原因:①市场失灵。在涉及公共事业的领域,如公共交通、煤气、水电等,政府通常会进行价格管制以保障社会福利,而价格管制有时会使企业产生亏损。为了维持这类企业的运转，政府需要提供一定的财政补贴。②社会需求。市场是资源配置的有效机制，但有些领域并不能完全引入市场经济机制，典型的案例是中国的农产品价格补贴。由于农业生产成本高，农民收入普遍较低，为了支持农户继续生产，同时维持农产品的非市场价格，保障居民利益，政府需要对农业生产提供财政补贴。③经济转型需求。在一些正处于技术研发升级阶段的新兴产业领域，如目前的新能源汽车产业，由于消费习惯、产品价格等因素，消费者对其接受度不高，政府向企业提供补贴，支撑企业发展，从而缓解新旧产业转型过程中对社会经济产生的冲击。

结合清洁取暖的特点和实施现状，对清洁取暖财政补贴建议如下：积极制定《节能减排奖励办法》《合同能源管理项目扶持办法》《绿色建筑补贴》《新能源汽车补贴》等规定；加大投资补贴；增加政府直接补贴，增大对清洁能源的重视力度，提高补贴支持力量；完善可再生能源分布式发电补贴政策，积极开拓接入低压配电网的就地利用的分散式风电；提出合理的"煤改电""煤改气"的补贴政策。在"煤改电"供热改造中，根据不同的采暖方式，实施市区两级政府补贴。其中，采用空气源热泵和蓄热式电暖器供暖的居民，设备购置费由政府补贴。同时，对采暖"煤改电"居民用户，执行居民用电峰谷分时电价政策。每个采暖期，对完成"煤改电"的农户部分峰谷进行补贴。实施"煤改气"供热改造的，不执行阶梯气价。

财政补贴的目的就是通过改变清洁取暖的相对价格，改变农村居民的取暖行为。作为财政补贴政策的实施客体，农村居民的清洁取暖行为是影响清洁取暖工程实施效果的关键，对农户清洁取暖行为的分析则是在行为经济理论的基础上展开的。

目前学术领域关于财政补贴政策的研究主要从产业和居民两个层面展开。产业层面，学者们通过对新能源汽车财政补贴新旧政策中相关技术指标的对比，分析政府对新能源汽车产业的政策走向，为企业技术升级指引方向；通过对近年国家颁布的中央和地方的新能源汽车财政补贴政策的发展历程进行详细梳理研究，探究补贴政策在各阶段面临的困境及原因，并借鉴国外在此方面的经验，提出对策建议；通过对发达国家财政支持农业绿色发展经验的分析，指出我国现有财政支农政策的不足，并对农业绿色发展的财政政策提出优化建议；研究财政补贴政策对风电产业、战略性新兴产业、清洁能源企业等产业发展或技术创新的激励效果的研究等。居民层面，财政补贴政策的研究主要聚焦在农业保险和居民养老保险两方面。农业保险方面，国内外主要围绕财政补贴的必要性、保费补贴范围、规模和比例及农业保险补贴效率方面进行研究。养老保险方面，多采用规范分析和实证研究相结合的方式，利用 Logistic 模型、Probit 模型、保险精算等方法评估农村居民的参保决策和新农保财政补贴的可持续性，而在新农保制度衔接等方面较多采用规范分析的方法。

1.4.1.2　能源环境经济政策

（1）能源补贴

① 可再生能源发电补贴。为促进清洁发电产业发展和技术进步，中央财政从 2008 年开始安排专项资金采取"以奖代补"形式对产业化研发成果得到市场认可的企业进行补助。对满足支持条件企业的首 50 台风电机组，按 600 元/千瓦的标准予以补助。2009 年，国家为支持光伏发电产业的相关发展，专门设立"金太阳"示范工程财政专项资金。在 2010 年和 2013 年，中央又分别提出新的支持方式，一方面对示范项目建设所用关键设备给予相应补贴；另一方面，对光伏电站价格和分布式光伏发电价格给予补贴。同时，可再生能源发电企业也享受一定的税收优惠：一是光伏发电税收优惠。2012 年，国家从财政公共预算和征收的可再生能源电价附加收入中调用专项资金建立了可再生能源发展基金，以无偿资助、贷款贴息和补助等方式资助可再生能源开发利用的相关项目建设和研究以及电网企业上网电价。可再生能源发展专项资金由中央财政从年度公共预算中予以安排，可再生能源电价附加征收标准为 8 厘/千瓦时，根据可再生能源开发利用中长期总量目标和开发利用规划，以及可再生能源电价附加收支情况，征收标准可以适时调整。为鼓励利用太阳能发电，促进相关产业健康发展，根据财税〔2013〕66 号文件，规定自 2013 年 10 月 1 日至 2015 年 12 月 31 日，对纳税人销售自产的利用太阳能生产的电力产品，实行增值税即征即退 50% 的政策。二是核电税收优惠。2008 年，国家出台《关于核电行业税收政策有关问题的通知》，对核电企业销售的电力产品实施增值税优惠。规定，在核电企业自核电机组正式商业投产次月起 15 个年度内所生产销售电力产品实行增值税先征后退政策，返还的增值税分三个阶段进行，并逐渐递减。

此外，地方层面也发布了相应的补贴办法，例如北京市发布的《北京市分布式光伏发电奖励资金管理办法》，对于 2015 年 1 月 1 日至 2019 年 12 月 31 日期间并网发电的分布式光伏发电项目，市级财政按项目实际发电量给予奖励，奖励标准为每千瓦时 0.3 元（含税），每个项目的奖励期限为 5 年，奖励对象为分布式发电企业或自然人。

② 可再生能源建筑补贴。为提高建筑能效，中央从 2006 年开始安排专项财政资金用于支持可再生能源建筑应用项目，对利用建筑一体太阳能、土壤源热泵、浅层地下水源热泵等技术和供热制冷、光电转换等示范项目以无偿补助形式给予支持。2009 年，中央又对城市和农村的可再生能源建筑应用的示范推广给予专项补助，并鼓励地方采用多种方式放大资金使用效益，补助标准不同，也可适当调整。"十二五"期间，还加快集中连片推进安排补助资金，实施"太阳能屋顶计划"，根据太阳能电池峰值功率对太阳能光电建筑给予财政补贴，2009 年的补助标准原则上定为 20 元/瓦，以后年度视发展状况予以调整。2008 年，国家财政又利用贷款贴息、奖励等形式支持再生节能建筑材料生产与推广利用。

③ 生物能源与生物化工产业补贴。2006 年，国家提出通过实施弹性亏损补贴、原料基地补助、示范补助等方式对生物能源与生物化工产业实施财政扶持政策。2008 年开始对秸秆能源化生产的企业给予综合性补助。

弹性亏损补贴：当石油价格低于保底价时，先由企业用风险基金以盈补亏。如果油价长期低位运行，将启动弹性亏损补贴机制。

原料基地补助：开发生物能源与生物化工原料基地要与土地开发整理、农业综合开发、林业生态项目相结合，享受有关优惠政策。对以"公司+农户"方式经营的生物能源和生物化工龙头企业，国家给予适当补助。

示范补助：国家鼓励具有重大意义的生物能源及生物化工生产技术的产业化示范，以增加技术储备，对示范企业予以适当补助。

税收优惠：对确实需要扶持的生物能源和生物化工生产企业，国家给予税收优惠政策，以增强相关企业竞争力。

对符合相关条件的以非粮为原料的生物能源和生物化工放大生产项目，可向所在地财政部门申请非粮引导奖励资金，具体包括：a.建设期贴息。经审核达到标准的示范项目，对其放大生产或技术创新项目的贷款，在建设周期内给予全额财政贴息。b.竣工投产后奖励。在示范项目投产后，经验收评估，放大生产后各项指标达到或优于"标准"规定的中试水平，打通工业化生产流程；或在优化生产工艺方面实现突破，达到"标准"规定者，财政将给予奖励。奖励额度原则上控制在企业因放大生产或优化工艺所增加投入的 20%～40%。

④ 环保电价补贴。为发挥价格杠杆的激励和约束作用，促进燃煤发电企业建设和运行环保设施，减少二氧化硫、氮氧化物、烟粉尘排放，切实改善大气环境质量，我国实行了环保电价补贴政策。

2006年，燃煤机组标杆电价区分为脱硫机组标杆电价和非脱硫机组标杆电价，大部分省区执行脱硫加价1.5分/千瓦时。这项政策的初衷是为了鼓励发电企业降低二氧化硫的排放，以建设运营脱硫系统而基于的成本补偿。2007年，国家发改委和环保部联合出台《燃煤发电机组脱硫电价及脱硫设施运行管理办法》（发改价格〔2007〕1176号），明确了脱硫设施建设的强制性、脱硫设施运行规范和价格的处罚办法。强制性脱硫设施建设和成本补偿政策极大地鼓励了发电企业安装脱硫设施的积极性，至2010年，全国200MW以上的燃煤机组基本上都安装了脱硫设施，并且部分发电企业在脱硫设施建设过程中引入了BOT（建设-经营-转让）的模式，由第三方来建设、运营和享有脱硫电价的收益。2014年，国家发展改革委、环境保护部颁布《燃煤发电机组环保电价及环保设施运行监管办法》（发改价格〔2014〕536号），取代了2007年的1176号文件，以强制要求安装脱硝、除尘设施取代了自2011年开始的脱硝电价、除尘电价的试点工作，并规定发电企业必须安装运行烟气排放连续监测系统并与环保部门和电网企业联网，环保电价按单项污染物排放浓度小时均值进行考核。至此考核办法由监管运行工况改为监管排放浓度，并增加了：电网企业的工作内容之一是监控煤电厂每个小时的污染物排放并据此计算超标排放时段对应的发电量，以便提供给价格主管部门进行环保电价的监管与扣罚。《关于实行燃煤电厂超低排放电价支持政策有关问题的通知》中提出，对2016年1月1日以前已经并网运行的现役机组，对其统购上网电量加价每千瓦时1分钱（含税）；对2016年1月1日之后并网运行的新建机组，对其统购上网电量加价每千瓦时0.5分钱（含税）。上述电价加价标准暂定执行到2017年底，2018年以后逐步统一和降低标准。

脱硫电价的政策在实际执行中却遇到了极大的困难和阻力。一方面这项政策仅要求对脱硫设施的投运率和脱硫效率进行监控，并以此为依据进行扣罚脱硫电价款，并没有监测二氧化硫排放出口是否达到国家规定的环保标准。这就造成了煤电厂在运行脱硫设施的时候更多关注投运率，并以此获得脱硫电价，并不能激励煤电厂更多采购优质低硫煤或者通过提高脱硫效率减少二氧化硫排放。另一方面，该项政策给脱硫电价的监管带来了较大的不确定性。脱硫投运率不足绝大部分是由脱硫系统运行的固有特性决定的，而在检查过程较大的工作量决定了只能由不定期的抽查代替定期全面的普查工作。而价格处罚和环保排放处罚的双重执法给企业也带来了重复处罚。

（2）阶梯能源价格

我国推行的阶梯能源价格政策主要是阶梯电价和阶梯气价政策。

阶梯式电价是阶梯式递增电价或阶梯式累进电价的简称，也称为阶梯电价，是指把户均用电量设置为若干个阶梯分段或分档次定价计算费用。对居民用电实行阶梯式递增电价可以提高能源效率。通过分段电量可以实现细分市场的差别定价，提高用电效率。居民阶梯电价是指将现行单一形式的居民电价，改为按照用户消费的电量分段定价，用电价格随用电量增加呈阶梯状逐级递增的一种电价定价机制。2011年11月，发改委宣布上调销售电价和上网电价，并表示此次上调暂不涉及居民用电价格。同时还推出居民阶梯电价的全国性指导意见，把居民每个月的用电分成三档，并增加了针对低收入家庭的免费档。2012年3月，国家发改委表示实施居民阶梯电价方案，并提出80%的居民家庭电价保持稳定，并于7月1日正式实施。

2014年3月，国家发展改革委印发《关于建立健全居民生活用气阶梯价格制度的指导意见》（发改价格〔2014〕467号），部署建立健全居民生活用气阶梯价格制度。文件指出：长期以来，我国对居民用气实行低价政策，一方面，由于居民气价明显低于工商业等其他用户价格，交叉补贴现象严重，导致用气量越大的用户，享受补贴越多，没有体现公平负担的原则；另一方面，造成部分居民用户过度消费天然气，特别是加大了冬季用气高峰时调峰保供的压力。阶梯气价政策，在保障居民基本用气需求、引导节约用气、缓解供气压力等方面起到了良好的政策效果，进一步促进天然气市场的可持续健康发展，确保居民基本用气需求，同时引导居民合理用气、节约用气。另外有数据显示我国2017年天然气进口依赖度为38.4%，而2018年1～7月的天然气进口依赖度均超过40%，并一度逼近45%。进口依存度的持续扩大为国家能源安全带来隐患。随着"煤改气"带来的天然气井喷式增长，储气设施的建设也上升到国家战略保障高度。

从电采暖和天然气采暖推广的角度来分析，阶梯电价和阶梯气价这种"用的越多价格越高，以限制高消费"的机制并不利于"煤改电""煤改气"的推广应用，居民很可能因为采暖支出大幅增长而复烧煤炭。对于这种情况，应针对冬季采暖对采暖电价和气价的定价机制进行调整。

（3）节能减排税收优惠

① 节能技术改造项目。目前，我国对节能技术改造的税收优惠主要体现在企业所得税中。在节能减排方面纳入所得税优惠目录的有：既有高能耗建筑节能改造项目；既有建筑太阳能光热、光电建筑一体化技术或浅层地能热泵技术改造项目；既有居住建筑供热计量及节能改造项目；工业锅炉、工业窑炉节能技术改造项目；电机系统节能、能量系统优化技术改造项目；煤炭工业复合式干法选煤技术改造项目；钢铁行业干式除尘技术改造项目；有色金属行业干式除尘净化技术改造项目；燃煤电厂烟气脱硫技术改造项目 9 种。对于满足相应条件的以上项目，可以从取得第一笔生产经营收入所属的纳税年度起，缴纳所得税时享受"三免三减半"的税收优惠。

② 合同能源管理项目。我国合同能源管理项目起步较晚，相应的税收优惠政策在近几年才开始实施。2010 年，国家开始对节能服务公司实施合同能源管理项目所涉及的增值税、营业税和企业所得税方面给予一定的税收优惠。根据《财政部、国家税务总局关于促进节能服务产业发展增值税、营业税和企业所得税政策问题的通知》（财税〔2010〕110 号）等文件，相关税收优惠主要体现在如下方面：一是营业税方面，对符合一定条件的节能服务公司实施合同能源管理项目享受免征营业税（"营改增"之后的相应的征增值税）。二是增值税方面，节能服务公司在合同能源管理项目实施过程中的增值税应税货物转让给用能企业时，免征应税货物的增值税。三是企业所得税方面，节能服务公司实施符合条件的合同能源管理项目所取得的企业所得税应税收入可享受企业所得税"三免三减半"政策；用能企业实际支付给节能服务公司的合理支出可以在计算当期应纳税所得额时扣除；合同期满后形成的资产，按折旧或摊销期满的资产进行税务处理。

③ 节能产品。对节能产品实施的税收优惠政策主要体现在企业所得税、消费税、车船税及车辆购置税等。企业在购置并使用符合规定的环境保护、节能节水等专用设备时，该设备 10% 的投资额可以从企业当年的应纳税额中抵免，并具有 5 年结转抵免期；为促进节约能源、使用新能源的汽车，从 2012 年开始对节约能源的车船减半征收车船税，对使用新能源的车船，免征车船税；2014 年 9 月至 2017 年 12 月，对符合相关条件的纯电动汽车、插电式（含增程式）混合动力汽车、燃料电池汽车免征车辆购置税。2015 年 5 月，为促进节约能源，鼓励使用新能源，国家出台了《关于节约能源使用新能源车船车船税优惠政策的通知》，规定：对符合条件的纯电动商用车、插电式（含增程式）混合动力汽车、

燃料电池商用车等使用新能源的车船，免征车船税；对符合条件的1.6升（含）以下的燃用汽油、柴油的乘用车（含非插电式混合动力乘用车和双燃料乘用车）以及燃用天然气、汽油、柴油的重型商用车（含非插电式混合动力和双燃料重型商用车）等节约能源车船，减半征收车船税。

(4) 能源奖励政策

① 节能技术改造奖励。"十一五"开始，中央财政预算安排专项资金，采取"以奖代补"方式对十大重点节能工程根据节能量给予一次性奖励。2007—2010年的奖励标准是：东部地区200元/吨标准煤，中西部地区250元/吨标准煤。2011年，国家将奖励标准提高，东部地区提高到240元/吨标准煤，中西部地区提高到300元/吨标准煤，分别提高了40元/吨标准煤和50元/吨标准煤。同时，配套的省级财政部门相关费用支出也有增加，而且进一步扩大了节能技改的奖励范围。

② 合同能源管理奖励。2010年，为引导和支持合同能源管理项目实施，中央和各省级财政预算安排资金对实施合同能源管理项目且符合一定条件的节能服务公司给予适当奖励。奖励资金由中央财政和省级财政共同负担，其中：中央财政奖励标准为240元/吨标准煤，省级财政奖励标准不低于60元/吨标准煤。有条件的地方，可视情况适当提高奖励标准。2012年以来，共计安排财政奖励资金3亿多元，支持了500个左右的合同能源管理项目，累计形成约2000万吨标准煤的节能能力。

③ 建筑节能奖励。从2008年开始，国家财政安排资金奖励专项用于对北方采暖地区开展既有居住建筑供热计量及节能改造工作，根据各地的改造任务量，按照6元/m²的标准，用于对当地热计量装置的安装补助。2012年，中央财政又安排资金专项用于对2012年及以后开工实施的夏热冬冷地区实施既有居住建筑节能改造进行补助，补助资金采取由中央财政对省级财政专项转移支付方式，补助范围包括建筑外门窗、遮阳系统、屋顶及外墙保温等节能改造和其他支出。2012年开始对新建高星级绿色建筑实施财政奖励，而且必须满足相应的条件，当年对二星级和三星级绿色建筑的奖励标准分别为45元/m²和80元/m²，后续年度的奖励标准会根据情况进行调整。2007年，国家财政安排专项资金支持国家机关办公建筑和大型公共建筑进行节能，并规定资金主要用于建立建筑节能监管体系支出，如安装能耗监测平台等。

④ 淘汰落后产能奖励。推动钢铁、煤炭等行业化解过剩产能工作，设立工业企业结构调整专项奖补资金。该资金主要用于国有企业职工分流安置工作，

也可统筹用于符合条件的非国有企业职工分流安置。其标准按预算总规模与化解过剩产能总目标计算确定，年度资金规模确定标准见表1-1。同时，为鼓励地方和中央企业尽早退出产能，按照"早退多奖"的原则，在计算年度化解过剩产能任务量时，依据时间的先后，按照实际产能的不同比例测算。对超额完成目标任务量的省（直辖市、自治区），按该省（直辖市、自治区）、中央企业基础奖补资金的一定系数实行梯级奖补。

表1-1 专项奖补资金年度资金规模计算公式

年度资金规模	确定公式
地方年度资金规模（不含1998年以来下放的煤炭企业）	［当年全国化解过剩产能任务量（不含中央企业和1998年以来下放的煤炭企业）］/［国务院确定的地方目标任务量（不含中央企业和1998年以来下放的煤炭企业）］×地方资金总规模
中央企业年度资金规模	当年中央企业化解过剩产能任务量/国务院确定的中央企业目标任务量×中央企业资金总规模
1998年以来下放的煤炭企业年度资金规模	地方年度资金规模（不含1998年以来下放的煤炭企业）×1998年以来下放的煤炭企业当年化解过剩产能任务量/［当年全国化解过剩产能任务量（不含中央企业和1998年以来下放的煤炭企业）］

1.4.2

绿色治理技术

绿色治理技术是指能减少污染、降低消耗和改善生态的技术体系。绿色治理技术不是只指一单项技术，而是一个技术群，包括能源技术、材料技术、生物技术、污染治理技术、资源回收技术以及环境监测技术和从源头、过程加以控制的清洁生产技术。绿色治理技术是由相关知识、能力和物质手段构成的动态系统，只有有关保护环境、改造生态的知识、能力或物质手段3个要素结合在一起，相互作用，才构成现实的绿色治理技术。环保和生态知识是绿色治理技术不可缺少的要素，绿色治理技术创新是环保和生态知识的应用。本书清洁取暖绿色治理技术主要是指与传统采暖方式相比污染物排放更少、供热效率更高的取暖技术体系，如电采暖、天然气取暖、可再生能源取暖、建筑节能改造等技术组成的综合技术体系。清洁取暖绿色治理技术体系详见第3章。

2

清洁取暖
现状与问题

2.1 清洁取暖实施情况
2.2 清洁取暖政策框架
2.3 清洁取暖技术应用情况
2.4 清洁取暖存在的主要问题

2.1 清洁取暖实施情况

2.1.1 总体情况

根据《北方地区冬季清洁取暖规划（2017—2021年）》（以下简称《规划》），截至2016年底，我国北方地区城乡建筑取暖总面积约206亿平方米，其中农村建筑取暖面积65亿平方米，占总面积的31.5%。"2+26"城市城乡建筑面积50亿平方米。而从能源消费结构的角度来看，目前我国北方地区供暖能源以燃煤为主，取暖用煤年消耗量约4亿吨标准煤，而其中散烧煤和低效小锅炉用煤约占50%，主要分布在农村地区。

习近平总书记指出，促进北方地区的清洁取暖，与北方广大地区人民的温暖过冬息息相关，与减少雾霾天关系密切，是能源生产和消费革命、农村生活方式革命的主要内容。2017年发布的《京津冀及周边地区2017—2018年秋冬季大气污染综合治理攻坚行动方案》对京津冀大气污染传输通道城市清洁取暖替代散烧煤工作提出改造目标：2017年10月底前需完成电代煤、气代煤300万户以上，拉开了北方地区大规模清洁取暖改造工程的序幕。2018年6月13日，李克强总理在部署实施蓝天保卫战三年行动计划时指出，要科学合理、循序渐进有效治理污染、坚持从实际出发，因地制宜选择合理的清洁取暖方式，确保群众安全温暖过冬。

根据《中国散煤综合治理调研报告2019》显示，2018年共削减散煤使用量约6100万吨，其中民用散煤领域贡献了28%，主要来自"2+26"城市和汾渭平原11市的农村清洁取暖改造。2018年重点区域清洁取暖改造近614.75万户，超额完成目标40%，替代民用散煤约1680万吨。民用散煤治理政策趋向理性，宜电则电、宜气则气、宜煤则煤、宜热则热的"四宜"原则得到逐步落实，对改善区域大气环境质量起到了重要作用。

2018年，我国散煤治理战场扩围，北方清洁取暖的重点城市由京津冀大气污染传输通道"2+26"城市，扩展了汾渭平原的11个城市，中央财政支持的北方清洁取暖试点城市由12个扩展至35个，覆盖了除北京以外的27个"2+26"城市和7个汾渭平原城市。根据散煤治理课题组调研情况和公开数据估算，2018年散煤削减量约6100万吨，其中民用领域替代民用散煤贡献约1680万吨，占比28%。散煤减量不仅改善了整体空气质量，还减少了室内污染暴露和经济损失。民用散煤治理政策和执行层面更加趋于理性，"煤改气"和"煤改电"市场热度此消彼长，可再生能源供热进一步发展，多能互补和创新模式有了更多的实践，洁净煤和节能环保炉具虽然并未走出低谷，但在政策层面已经得到一定重视。

2.1.2
京津冀地区实施情况

以"2+26"城市为改造重点的京津冀及周边地区是北方农村地区清洁取暖改造的先驱和重点区域。截至2018年底，京（北京市）、津（天津市）、冀（河北省）、晋（山西省）、鲁（山东省）、豫（河南省）等六省市共完成清洁取暖改造1219.05万户，其中气代煤581.09万户，电代煤307.27万户，少量采用接入集中供暖和使用可再生能源方式，大约有297.82万户尚不具备改造条件的采用洁净型煤替代的方式，详见表2-1。

表2-1 截至2018年底京津冀及周边地区清洁取暖改造完成户数　　单位：户

地区	气代煤	电代煤	集中供暖	其他可再生能源	洁净型煤替代	合计
北京市	15.5	69.1	0	0	30	114.6
天津市	69.02	54.19	0.07	0	0	123.28
河北省	374.12	51.81	0	0	145	570.93
山西省	57.13	12.09	8.99	7.29	0	85.5
山东省	49.83	16.17	8.22	0	79	153.22

续表

地区	气代煤	电代煤	集中供暖	其他可再生能源	洁净型煤替代	合计
河南省	15.39	103.91	0	8.3	43.82	171.42
合计	581.99	307.27	17.28	15.59	297.82	1218.95

数据来源：生态环境部及各省公开统计数据整理。

从区域分布来看，河北省（8个通道城市）是京津冀及周边地区双替代工作的主战场，改造完成户数占总完成户数的47%，详见图2-1。

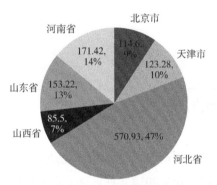

图2-1 截至2018年底六省市清洁取暖改造完成工作量比例

数据来源：生态环境部及各省公开统计数据整理。

从技术路径来看，气代煤、电代煤是主要技术途径，共完成888.36万户，占总完成户数的72.9%，采用气代煤技术的多于电代煤，总气电比为1.89∶1。各省市基础设施条件的不同造成清洁取暖改造技术路径的选择存在区域差异性，冀、晋、鲁更偏向于使用气代煤，气电比分别达到了7.22、4.73、3.08，而豫、京则更偏向于电代煤，气电比分别为0.15和0.22，见图2-2。其中冀一个省就完成了气代煤改造374.12万吨，占全部气代煤改造总量的64.4%。各地根据各类技术的改造难度、技术成熟情况及资源禀赋、经济状况等多方面因素，使用最多的清洁取暖设备包括蓄能式电暖器、空气源热泵和燃气壁挂炉三类，农村地区清洁取暖方式正在向多元化改变，居民用能习惯和消费方式正在发生转变，各地出台的价格和补贴政策也基本围绕这三类技术制定。

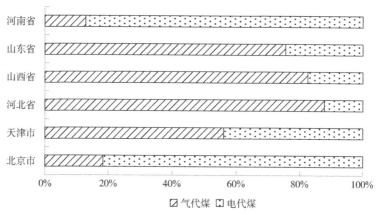

图 2-2　分地区清洁取暖改造路径选择比例

2018 年，北方清洁取暖由京津冀及其周边地区扩围汾渭平原，重点城市在京津冀大气污染传输通道"2+26"城市的基础上，扩围汾渭平原 11 个城市，中央财政支持的北方清洁取暖试点由 12 个增至 35 个，覆盖了除北京以外的"2+26"城市和 7 个汾渭平原城市。根据公开资料整理，2018 年，京津冀及周边地区、汾渭平原共完成清洁取暖改造 614.75 万户，超额完成目标 40%。2018 年，重点省市清洁取暖改造完成情况详见图 2-3。

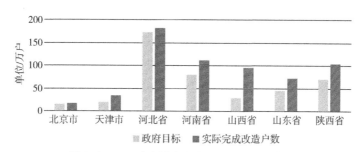

图 2-3　2018 年重点省市清洁取暖改造完成情况

资料来源：1. 重点区域 2018—2019 年度秋冬季大气污染综合治理攻坚行动计划；2. 各省市《生态环境状况公报 2018》；3. 2019 年河北省政府工作报告；4. 山东今冬新增农村清洁取暖 71.4 万户，央广网山东频道，2018.12。

从重点区域的清洁取暖工作进度来看，2018 年，北京市在完成 312 个村、12.26 万户"煤改电"任务基础上，超额完成了山区 163 个村 5.74 万户配套电网改造，全市平原地区基本实现"无煤化"。河北省仍是清洁取暖任务量和完成规模最大的省份，清洁取暖改造规模约占重点省市规模的 30%。随着汾渭平原的加入，陕西省成了"新秀"，是清洁取暖改造规模过百万户的省份之一。根据《2018年陕西省生态环境状况公报》，2018年，关中地区完成清洁取暖改造103.9万户，完成目标任务的147%。

2.1.3
规划目标完成情况

（1）总体目标和重点区域目标

根据清洁取暖规划提出的总体目标，到2019年，北方地区清洁取暖率达到50%，替代散烧煤（含低效小锅炉用煤）7400万吨。到2021年，北方地区清洁取暖率达到70%，替代散烧煤（含低效小锅炉用煤）1.5亿吨。

清洁取暖工作快速推进，截至2018年，北方地区清洁取暖率达到约46%。根据各省市生态环境状况公报数据初步统计，北京市、天津市、河北省、河南省、山东省、山西省、陕西省等地在过去两年内完成清洁取暖改造户数超过1200万户，以北方地区采暖季平均每户用煤3吨的标准计算，原则上可削减散煤超过3600万吨。根据《中国散煤综合治理报告》的不完全统计，2017—2018年，重点区域工业小锅炉淘汰可减少散烧煤近2000万吨。根据上述不完全统计数据，截至2018年底，重点区域散烧煤减少约5600万吨，完成进度76%。

根据清洁取暖规划提出的"2+26"重点城市发展目标，2019年，"2+26"重点城市城区清洁取暖率达到90%以上，县城和城乡结（接）合部（含中心镇）达到70%以上，农村地区40%以上。2021年，城市城区全部实现清洁取暖，35蒸吨以下燃煤锅炉全部拆除；县城和城乡结合部清洁取暖率达到80%以上，20蒸吨以下燃煤锅炉全部拆除，农村地区清洁取暖率60%以上。

截至2018年，"2+26"城市清洁取暖率目标基本实现。"2+26"城市（除北京外）城区清洁取暖率已经达到97%，超额实现2019年目标。其中北京、天津、唐山、保定、廊坊、衡水、太原、济南、郑州、鹤壁、新乡、阳泉、长治和安阳等城市城区清洁取暖率均达到100%，提前完成2021年目标。

"2+26"城市（不包括北京）城乡结合部、所辖县及农村地区清洁取暖率为70%，基本实现2019年目标。其中，北京、保定、廊坊、郑州、开封等城市已达到100%，提前完成2021目标。

在政策有效落实情况下，预计2021年工业小锅炉拆除目标能够实现。从政策要求来看，2017年，"2+26"城市中14个城市要求淘汰20蒸吨及以下燃煤锅炉，9个城市要求建成区淘汰35蒸吨及以下燃煤锅炉。2018年，"2+26"城市中有24个城市要求行政区域内淘汰每小时35蒸吨以下燃煤锅炉，其余4个城市要求建成区内淘汰35蒸吨及以下燃煤锅炉。从工业小锅炉治理情况来看，2017年，"2+26"城市淘汰4.4万台燃煤小锅炉，淘汰小煤炉等散煤燃烧设施10万多个，是工业小锅炉淘汰量最大的一年。2018年，全国淘汰2.3万台燃煤小锅炉。

（2）可再生能源供暖目标

清洁取暖规划提出的可再生能源供暖目标：地热供暖面积达到10亿平方米，其中中深层地热供暖5亿平方米，浅层地热供暖5亿平方米（含电供暖中的地源、水源热泵）；生物质能清洁供暖面积达到21亿平方米，其中：农林生物质热电联产供暖面积10亿平方米，城镇生活垃圾热电联产供暖面积5亿平方米，生物质成型燃料供暖面积5亿平方米，生物天然气与其他生物质气化供暖面积超1亿平方米；配合其他清洁供暖方式，太阳能供暖面积目标5000万平方米。

自清洁取暖规划实施两年以来，可再生能源供热面积不断增大，2018年累计供热面积达到12.472亿平方米，实现了规划目标的40%左右，目前进度与规划目标的年均进度相匹配（表2-2）。但从整体来看，可再生能源供热发展并不均衡，市场增长主要以地热为主，太阳能供热和生物质供热发展不及预期。从长期来看，清洁供热产业仍有上升空间，主要得益于国家政策扶持，此外工业热力消费也存在潜在的市场需求。

表2-2　2018年可再生能源供暖面积及目标对比

技术类型	2016年供暖面积/亿平方米	2018年实现供暖面积/亿平方米	2021年目标/亿平方米	实现率/%
浅层地热	5	6.4	5	128
中深层地热		1.65	5	33
生物质供热	2	4.42	21	21.05
太阳能采暖	—	0.002	0.5	0.4
总量	7	12.472	31.5	39.59

数据来源：1.中国可再生能源发展报告2018，水电水利规划设计总院，中国水利水电出版社；2.2018年地热实现供暖面积为估算值，根据2017年底供暖面积数据，浅层地热年均28%增长率和水热型地热年均10%供暖率估算而来。

在各种利好政策下，我国地热正进入快速发展阶段，2018年已经将近8亿平方米。假设浅层地热年增速28%，中深层地热年增速为20%，2018年浅层地热6.5亿平方米，2021年13.6亿平方米。2018年中深层地热1.65亿平方米，2021年2.8亿平方米。2021年，以上两项16.4亿平方米，比10亿平方米的目标高出60%。

受原料获取性和经济性等因素的影响，预计生物质供热在未来三年不会有爆发式增长。但受生物质发电热电联产相关政策的利好，生物质热电联产供热面积将增加较快。受山东阳信模式的激励，生物质成型燃料+适配炉具也将有一定的发展。预计2021年，生物质热电联产供热面积每年将增加1.5亿平方米，达到6.9亿平方米。生物质成型燃料供热每年增加5000万平方米，则2021年将达到2.5亿平方米。2021年，生物天然气与其他生物质气化供暖面积超5000平方米。2021年，生物质供热将达到9.9亿平方米。此外，预计太阳能供暖面积每年增加1000万平方米，到2021年可以达到3000万平方米。

2021年可再生能源供热目标及预期可实现的情况详见表2-3。按上述分析，预计2021年可再生能源供热可实现供热面积26.6亿平方米，完成目标进度的85%，其中浅层地热预计将超额完成目标。

表2-3　2021年可再生能源供热目标及预期完成情况

技术类型	规划规模/亿平方米	实现规模/亿平方米	实现率/%
生物质供热	21	9.9	47.1
浅层地热	5	13.6	272.0
中深层地热	5	2.8	56.0
太阳能采暖	0.5	0.3	60.0
合计	31.5	26.6	84.4

（3）"双替代"目标

北方清洁取暖规划提出，"2+26"城市在2017—2021年累计新增天然气供暖面积18亿平方米，新增用气230亿立方米。电供暖（含热泵）面积达到15亿平方米，电供暖带动新增电量消费1100亿千瓦时。

2017年是"煤改气"爆发式增长的一年。据专家测算，"2+26"城市实际完成"煤改气"319万户，加上集中供暖锅炉改气，预计采暖季新增天然气需求量为50亿立方米左右。2018年"煤改气"规模不及2017年。因此，若实现清洁取暖规划中2021年新增用气230亿立方米的目标,2019—2021年每年要保持2017年的"煤改气"项目推进力度。

根据清洁取暖规划,截至2016年,我国北方地区电供暖面积约4亿平方米。根据国家电网公布的信息,截至2017年底,国家电网公司已经在"2+26"个城市开展居民"煤改电",累计完成200万户改造任务,供暖面积超过2亿平方米,在北方地区15个省(自治区、直辖市)医院、商场、企事业单位等场所,推广电锅炉、热泵等集中电采暖技术,累计实施1.5万个项目,推广4.3亿平方米实现电采暖,替代1.8万台、33万蒸吨取暖小锅炉,有力保障了"煤改电"后居民的用电需求。

2019年1月,国家电网有限公司印发《关于落实助力打赢蓝天保卫战三年行动计划的通知》。通知要求,国家电网2018—2020年为京津冀及周边地区城市和汾渭平原528.5万户居民、0.7万个企事业单位实施"煤改电",预计新增电供暖面积4.6亿平方米,预计累计替代电量456亿千瓦时。

2.2

清洁取暖政策框架

2.2.1

国家层面

下面列出国家层面出台的具有指导意义的若干重要政策(见表2-4),按照发布时间先后顺序罗列。

表2-4　国家层面相关政策措施

政策名称	发布单位	发布时间
大气污染防治		
大气污染防治行动计划	国务院	2013年9月10日

续表

政策名称	发布单位	发布时间
京津冀及周边地区落实大气污染防治行动计划实施细则	环境保护部、国家发展改革委、工业和信息化部	2013年9月17日
能源行业加强大气污染防治工作方案	国家发展改革委、国家能源局、环境保护部	2014年3月24日
京津冀协同发展生态环境保护规划	国家能源局、环境保护部	2015年12月30日
京津冀及周边地区2017年大气污染防治工作方案	环境保护部、国家发展改革委、财政部、能源局等	2016年6月21日
"十三五"生态环境保护规划	国务院	2016年11月24日
京津冀及周边地区2017—2018年秋冬季大气污染综合治理攻坚行动方案	环境保护部、国家发展改革委、工业和信息化部等	2017年8月18日
关于京津冀大气污染传输通道城市执行大气污染物特别排放限值的公告	环境保护部	2018年1月15日
能源发展规划		
能源发展战略行动计划（2014—2020年）	国务院	2014年6月7日
关于推进"互联网+"智慧能源发展的指导意见	国家发展改革委、国家能源局、工业和信息化部	2016年2月24日
电力发展"十三五"规划（2016—2020年）	国家发展改革委、国家能源局	2016年11月7日
可再生能源"十三五"规划	国家发展改革委	2016年12月10日
煤炭工业发展"十三五"规划	国家发展改革委、国家能源局	2016年12月22日
石油发展"十三五"规划	国家发展改革委	2016年12月24日
天然气发展"十三五"规划	国家发展改革委	2016年12月24日
能源发展"十三五"规划	国家发展改革委、国家能源局	2016年12月26日
能源生产和消费革命战略（2016—2030）	国家发展改革委、国家能源局	2016年12月29日
海洋可再生能源发展"十三五"规划	国家海洋局	2016年12月30日
地热能开发利用"十三五"规划	国家发展改革委、国家能源局、国土资源部	2017年1月23日
关于可再生能源发展"十三五"规划实施的指导意见	国家能源局	2017年7月19日
煤炭消费		
京津冀地区散煤清洁化治理工作方案	国家发展改革委	此件未公开

续表

政策名称	发布单位	发布时间
关于严格控制重点区域燃煤发电项目规划建设有关要求的通知	国家发展改革委、环境保护部	2014年3月11日
煤电节能减排升级与改造行动计划（2014—2020年）	国家发展改革委、环境保护部、国家能源局	2014年9月12日
燃煤锅炉节能环保综合提升工程实施方案	国家能源局、国家发展改革委、环保部等	2014年11月6日
煤炭清洁高效利用行动计划（2015—2020年）	国家能源局	2015年4月27日
加强大气污染治理重点城市煤炭消费总量控制工作方案	国家发改委、环保部、能源局	2015年5月13日
全面实施燃煤电厂超低排放和节能改造工作方案	环境保护部、发展改革委、能源局	2015年12月11日
关于促进我国煤电有序发展的通知	国家发展改革委、国家能源局	2016年3月17日
关于进一步做好煤电行业淘汰落后产能工作的通知	国家发展改革委、国家能源局	2016年4月18日
民用煤燃烧污染综合治理技术指南（试行）	环境保护部	2016年10月22日
关于请做好散煤综合治理确保群众温暖过冬工作的函	环境保护部	2017年12月4日
能源减量替代方面		
关于发展天然气分布式能源的指导意见	国家发展改革委、财政部、住房城乡建设部、国家能源局	2011年10月9日
控制能源消费总量工作方案	国家发展改革委、国家能源局	2013年
关于在北京开展可再生能源清洁供热示范有关要求的通知	国家能源局	2015年3月25日
配电网建设改造行动计划（2015—2020年）	国家能源局	2015年7月31日
国家能源局关于做好"三北"地区可再生能源消纳工作的通知	国家能源局	2016年2月5日
关于"十三五"期间实施新一轮农村电网改造升级工程的意见	国务院办公厅	2016年2月16日
关于实施光伏发电扶贫工作的意见	国家发展改革委、国务院扶贫办、国家能源局等	2016年3月23日
关于推进电能替代的指导意见	国家发展改革委、国家能源局、财政部等	2016年5月16日

续表

政策名称	发布单位	发布时间
关于推进多能互补集成优化示范工程建设的实施意见	国家发展改革委、国家能源局	2016年7月4日
"十三五"节能减排综合工作方案	国务院	2016年12月20日
全国农村沼气发展"十三五"规划	国家发展改革委、农业部	2017年1月25日
建筑节能与绿色建筑发展"十三五"规划	住房和城乡建设部	2017年3月1日
国家重点节能低碳技术推广目录(2017年本低碳部分)	国家发展改革委	2017年3月17日
关于促进可再生能源供热的意见(征求意见稿)	国家能源局	2017年4月18日
关于推进供给侧结构性改革防范化解煤电产能过剩风险的意见	国家发展改革委、工业和信息化部、财政部等	2017年7月26日
解决弃水弃风弃光问题实施方案	国家发展改革委国家能源局	2017年11月8日
关于做好2017—2018年采暖季清洁供暖工作的通知	国家能源局	2017年12月4日
北方地区冬季清洁取暖规划(2017—2021年)	国家发展改革委、国家能源局、财政部等	2017年12月5日
关于促进生物质能供热发展的指导意见	国家发展改革委、国家能源局	2017年12月6日
关于开展秸秆气化清洁能源利用工程建设的指导意见	国家发展改革委、农业部办公厅、国家能源局综合司	2017年12月28日
关于加快浅层地热能开发利用促进北方采暖地区燃煤减量替代的通知	国家发展改革委、国土资源部、环境保护部	2017年12月29日
国家重点节能低碳技术推广目录(2017年本,节能部分)	国家发展改革委	2018年2月
关于提升电力系统调节能力的指导意见	国家发展改革委、国家能源局	2018年2月28日

下面将国家重要能源环境政策分别从煤炭清洁高效开发利用、电能替代、天然气替代、清洁能源替代、能效与节能五个方面进行分类,凝练相关条文,总结形成表2-5~表2-9。

表2-5 煤炭清洁高效开发利用相关政策措施

重要措施分类	政策名称	具体内容
煤炭清洁高效开发利用	能源生产和消费革命战略（2016—2030）	促进煤炭绿色生产：严控煤炭新增产能；实施煤炭开发利用粉尘综合治理；统筹煤炭与煤层气开发；加强煤炭洗选加工，提高煤炭洗选比例 实现煤炭集中使用：多种途径推动优质能源替代民用散煤，推广煤改气、煤改电工程；制定更严格的煤炭产品质量标准，逐步减少并全面禁止劣质散煤直接燃烧；大力推进工业锅炉、工业窑炉等治理改造，降低煤炭在终端分散利用比例，推动实现集中利用、集中治理 大力推进煤炭清洁利用：在2020年前，所有现役电厂平均供电煤耗低于310克标准煤/千瓦时，新建电厂平均供电煤耗低于300克标准煤/千瓦时，到2030年，超低污染物排放煤电机组占全国80%以上；结合棚户区改造等城镇化建设，发展热电联产；到2020年，全面实现燃煤锅炉污染物达标排放，大气污染重点防控区全部淘汰落后燃煤锅炉
	煤炭工业发展"十三五"规划	加快煤炭结构优化升级：严格控制新增产能，有序退出过剩产能，积极发展先进产能，推进煤矿企业兼并重组 推进煤炭清洁生产：推行煤炭绿色开采，发展煤炭洗选加工，发展矿区循环经济，加强矿区生态环境治理 促进煤炭清洁高效利用：按照"清洁、低碳、高效、集中"的原则，加强商品煤质量管理，推进重点耗煤行业节能减排，推进煤炭深加工产业示范，加强散煤综合治理
	民用煤燃烧污染综合治理技术指南	优质煤替换：①民用煤质量要求：选用优质无烟煤、烟煤、型煤和其他煤制品（兰炭、民用焦炭等），禁止褐煤、洗中煤、煤泥等低质、劣质煤及其制品进入市场。煤炭资源丰富、经济条件较好且污染严重的地区优先选用低硫、低挥发分的优质煤；暂不能供应优质煤的地区，应选用低硫的优质烟煤作为民用煤。②民用煤洁净加工技术：各地区加强配煤成型、型煤固硫、引火型煤等配套技术的研发。暂不具备清洁能源替代条件的地区应尽快使用优质煤替换劣质民用散煤

表2-6 电能替代相关政策措施

重要措施分类	政策名称	具体内容
电能替代	能源生产和消费革命战略（2016—2030）	推动城乡电气化发展：①大幅提高城镇终端电气化水平。实施终端用能清洁电能替代，大力推进城镇以电代煤、以电代油。加快制造设备电气化改造。淘汰煤炭在建筑终端的直接燃烧，鼓励利用可再生电力实现建筑供热（冷）、炊事、热水，逐步普及太阳能发电与建筑一体化。②全面建设新农村新能源新生活。完善农村配电网建设及电力接入设施、农业生产配套供电设施。转变农业发展方式，推进农业生产电气化。实施光伏（热）扶贫工程。发展太阳能、浅层地热能、生物质能等，推进用能形态转型

2 清洁取暖现状与问题

续表

重要措施分类	政策名称	具体内容
电能替代	能源发展"十三五"规划	实施电能替代工程：推广电锅炉、电窑炉、电采暖等新型用能方式，以京津冀及周边地区为重点，加快推进农村采暖电能替代，在新能源富集地区利用低谷富余电实施储能供暖。到2020年电能在终端能源消费中的比重提高到27%以上
	关于推进电能替代的指导意见	居民采暖领域：在存在采暖刚性需求的北方地区和有采暖需求的长江沿线地区，重点对燃气（热力）管网覆盖范围以外的学校、商场、办公楼等热负荷不连续的公共建筑，推广碳晶、石墨烯发热器件、发热电缆、电热膜等分散电采暖。在燃气（热力）管网无法达到的老旧城区、城乡结合部或生态要求较高区域的居民住宅，推广蓄热式电锅炉、热泵、分散电采暖。在农村地区，以京津冀及周边地区为重点，推广以电代煤 生产制造领域：在生产工艺需要热水（蒸汽）的各类行业，逐步推进蓄热式与直热式工业电锅炉应用。在服装纺织、木材加工、水产养殖与加工行业，试点蓄热式工业电锅炉替代集中供热管网覆盖范围以外的燃煤锅炉。在金属加工、铸造、陶瓷、岩棉、微晶玻璃行业，在有条件地区推广电窑炉。在采矿、食品加工过程中的物料运输环节，推广电驱动皮带传输。在黑龙江、吉林、山东、河南等农业大省，加快推进机井通电 电力供应与消费领域：在可再生能源装机比重较大的电网，推广应用储能装置，提高系统调峰调频能力，更多消纳可再生能源。在城市大型商场、办公楼、酒店、机场航站楼等建筑推广应用热泵、电蓄冷空调、蓄热电锅炉等，促进电力负荷移峰填谷，提高社会用能效率
	北方地区冬季清洁取暖规划（2017—2021年）	电供暖：①积极推进各种类型电供暖。以"2+26"城市为重点，在热力管网覆盖不到的区域，推广碳晶、石墨烯发热器件、电热膜、蓄热电暖器等分散式电供暖，发展集中电锅炉供暖，鼓励利用低谷电力。推广使用空气源、水源、地源热泵供暖。②鼓励可再生能源发电规模较大地区实施电供暖。在河北等可再生能源资源丰富地区，利用存量机组发电能力，利用低谷时期的富余风电，推广电供暖，鼓励建设具备蓄热功能的电供暖设施 电供暖发展路线及适用条件：①分散式电供暖：适合非连续性供暖的学校、部队、办公楼等场所，也适用于集中供热管网、燃气管网无法覆盖的老旧城区、城乡结合部、农村或生态要求较高区域的居民住宅。②电锅炉供暖：应配套蓄热设施，适合可再生能源消纳压力较大，弃风、弃光问题严重，电网调峰需求较大的地区，可用于单体建筑或小型区域供热。③空气源热泵：对冬季室外最低气温有一定要求（一般高于-5℃），适宜作为集中供热的补充，承担单体建筑或小型区域供热（冷），也可用于分户供暖。④水源热泵：适用于水量、水温、水质等条件适宜的区域。优先利用城镇污水资源，发展污水源热泵，对于海水或者湖水资源丰富地区根据水温等情况适当发展。对于有冷热需求的建筑可兼顾夏季制冷。适宜作为集中供热的补充，承担单体建筑或小型区域供热（冷）。⑤地源热泵：适宜于地质条件良好，冬季供暖与夏季制冷基本平衡，易于埋管的建筑或区域，承担单体建筑或小型区域供热（冷）

续表

重要措施分类	政策名称	具体内容
电能替代	民用煤燃烧污染综合治理技术指南	鼓励使用热泵技术，逐步减少使用直接电热式采暖技术。热泵技术包括低温空气源热风热泵、低温空气源热水热泵、地源热泵和水源热泵。寒冷地区优先采用低温空气源热风热泵技术。要求额定制热量小于等于5千瓦的热风热泵在环境温度-20℃时，其制热性能系数不低于2.0，制热季节性能系数不低于3.0。经济条件较好的寒冷地区可结合节能新民居建设和既有居住建筑节能改造采用低温空气源热水热泵。应先加强配套电网改造，保证每户电力供应增量不少于8千瓦

表2-7 天然气替代相关政策措施

重要措施分类	政策名称	具体内容
天然气替代	能源生产和消费革命战略（2016—2030）	天然气推广利用行动。实施大气污染治理重点地区气化工程，加快重点地区燃煤设施和散煤燃烧天然气替代。提高城市燃气化率。有序发展天然气调峰电站，积极推进天然气冷热电三联供，大力发展天然气分布式能源，推动天然气和新能源融合发展
	能源发展"十三五"规划	天然气消费提升行动。以京津冀及周边地区、长三角、珠三角、东北地区为重点，推进重点城市"煤改气"工程，增加用气450亿立方米，替代燃煤锅炉18.9万蒸吨。加快建设天然气分布式能源项目和天然气调峰电站。2020年气电装机规模达到1.1亿千瓦
	北方地区冬季清洁取暖规划（2017—2021年）	天然气供暖：按照"宜管则管、宜罐则罐"原则，综合利用管道气、撬装液化天然气（LNG）、压缩天然气（CNG）、非常规天然气和煤层气等多种气源。以"2+26"城市为重点，推动天然气替代散烧供暖。在北方地区城市城区和县城，加快城镇天然气管网配套建设。发展天然气热电联产，对于环保不达标、改造难度大的既有燃煤热电联产机组，优先实施燃气热电联产替代升级（热电比不低于60%）。在具有稳定冷热电需求的楼宇或建筑群，发展天然气分布式能源。加快现有燃煤锅炉天然气置换力度，推进新建取暖设施使用天然气。在城乡结合部，结合限煤区的规划设立，通过城市天然气管网延伸以及LNG、CNG点对点气化装置，安装燃气锅炉房、燃气壁挂炉等，推广天然气供暖。在农村地区推广燃气壁挂炉。在具备管道天然气、LNG、CNG供气条件的地区率先实施天然气"村村通"工程 天然气供暖发展路线及适用条件：①燃气热电联产机组：在气源充足、经济承受能力较强的条件下，可作为大中型城市集中供热的新建基础热源，应安装脱硝设施降低氮氧化物排放浓度。②热电冷三联供分布式机组：结合电负荷及冷、热负荷需求，适用于政府机关、医院、宾馆、综合商业及办公、机场、交通枢纽等公用建筑。③燃气锅炉（房）：适合作为集中供热的调峰热源，与热电联产机组联合运行，鼓励有条件的地区将环保难以达到超低排放的燃煤调峰锅炉改为燃气调峰锅炉。大热网覆盖不到、供热面积有限的区域，在气源充足、经济承受能力较强的条件下也可作为基础热源。应重点降低燃气锅炉氮氧化物排放浓度。④分户燃气壁挂炉：适合热网覆盖不到区域的分散供热，作为集中供热的有效补充，也适用于独栋别墅或城中村、城郊村等居民用户分散的区域

续表

重要措施分类	政策名称	具体内容
天然气替代	民用煤燃烧污染综合治理技术指南	在燃气供应配套设施较为完备、燃气供应量充足的地区，采用燃气（主要是天然气）壁挂炉供暖，要求炉具热效率不低于85%

表2-8 清洁能源替代相关政策措施

重要措施分类	政策名称	具体内容
清洁能源替代	能源生产和消费革命战略（2016—2030）	实现增量需求主要依靠清洁能源：①推动非化石能源跨越式发展。坚持分布式和集中式并举，以分布式利用为主，推动可再生能源高比例发展。发展风能、太阳能，实现与常规电力同等竞争。选择合理技术路线，开发生物质能，发展生物质供热、生物天然气、农村沼气，扩大城市垃圾发电规模。统筹水电开发经济、社会和环境效益。在具备条件的城市和区域，推广开发利用地热能。开展海洋能等其他可再生能源利用的示范推广。②推动分布式成为重要的能源利用方式。在有条件的建筑、产业园区和区域，利用分布式天然气与可再生能源，建设相对独立、自我平衡的个体能源系统。分布式能源实现就地生产与地消费
	北方地区冬季清洁取暖规划（2017—2021年）	①地热供暖：推进水热型（中深层）地热供暖。按照"取热不取水"的原则，采用"采灌均衡、间接换热"或"井下换热"，以集中与分散相结合的方式推进中深层地热供暖，实现地热资源的可持续开发。在经济较发达、环境约束较高的京津冀鲁豫和生态环境脆弱的青藏高原及毗邻区，将地热能供暖纳入城镇基础设施建设范畴，集中规划，统一开发。大力开发浅层地热能供暖 地热供暖发展路线及适用条件： • 中深层地热能：适于资源条件好、地质条件便于回灌的地区，代表地区为京津冀、晋、鲁、豫 • 浅层地热能供暖：适用于分布式或分散供暖，可利用范围广，具有较大的市场和节能潜力。在京津冀鲁豫主要城市及中心城镇，优先发展再生水源（含污水、工业废水），积极发展地源（土壤源），适度发展地表水源（含河流、湖泊），鼓励采用供暖、制冷、热水联供技术 ② 生物质能清洁供暖：生物质能清洁供暖布局灵活，适应性强，适宜就近收集原料、就地加工转换、就近消费、分布式开发利用，可用于北方生物质资源丰富地区的县城及农村取暖，在用户侧直接替代煤炭 • 发展县域农林生物质热电联产。在北方粮食主产区发展为县城供暖的农林生物质热电联产。鼓励对已投产的农林生物质纯凝发电项目进行供热改造 • 在人口密集、具备条件的大中城市推进生活垃圾焚烧热电联产项目 • 发展生物质锅炉供暖。鼓励利用农林剩余物或其加工形成的生物质成型燃料，在专用锅炉中清洁燃烧用于供暖。加快20蒸吨以上大型先进低排放生物质锅炉区域供暖项目建设。推动生物质锅炉在中小工业园区、工商业及公共设施中的应用。在热力管网、天然气管道无法覆盖的区域推进中小型生物质锅炉项目建设。在农村地区推进生物质成型燃料替代散烧煤

续表

重要措施分类	政策名称	具体内容
清洁能源替代	北方地区冬季清洁取暖规划（2017—2021年）	• 推进生物沼气生物质能清洁供暖。发展以畜禽养殖废弃物、秸秆为原料发酵制取沼气，以及提纯形成生物天然气，用于清洁取暖和居民生活。积极推进符合入网标准的生物天然气并入城镇燃气管网。推动大中型沼气工程为周边居民供气，建设村级燃气供应站及小规模管网。发展各种技术路线的生物质气化及气电多联产，实施秸秆热解气化清洁能源利用工程 • 提高生物质热电联产新建项目环保水平，加快已投产项目环保改造步伐，实现超低排放。城市生物质锅炉排放浓度达到天然气锅炉排放标准。推进生物质成型燃料产品、加工机械、工程建设等标准化建设。加强对沼气及生物天然气全过程污染物排放监测 生物质能清洁供暖发展路线及适用条件： • 生物质区域供暖：采用生物质热电联产和大型生物质集中供热锅炉，为500万平方米以下的县城、大型工商业和公共设施等供暖。其中，生物质热电联产适合为县级区域供暖，大型生物质集中供热锅炉适合为产业园区提供供热供暖一体化服务。直燃型生物质集中供暖锅炉应使用生物质成型燃料，配置高效除尘设施 • 生物质能分散式供暖：采用中小型生物质锅炉等，为居民社区、楼宇、学校等供暖。采用生物天然气及生物质气化技术建设村级生物燃气供应站及小型管网，为农村提供取暖燃气 ③ 太阳能供暖 • 太阳能供暖。采取太阳能与常规能源融合、集中式与分布式结合的方式进行建筑供暖。鼓励中小城镇、民用及公共建筑上推广太阳能供暖系统。农业大棚、养殖场等用热需求大且与太阳能特性匹配的行业利用太阳能供热 • 太阳能热水应用。以小城镇建设、棚户区改造等项目为依托推动太阳能热水规模化应用。支持农村和小城镇居民安装使用太阳能热水器，在农村推行太阳能公共浴室工程。在城市新改扩建的有稳定热水需求的公共和住宅建筑上，推动太阳能热水系统与建筑的统筹规划、设计和应用 太阳能供暖发展路线及适用条件： • 太阳能供暖：适合与其他能源结合，实现热水、供暖复合系统的应用，是热网无法覆盖时的有效分散供暖方式。特别适用于办公楼、教学楼等只在白天使用的建筑 • 太阳能热水：适合小城镇、城乡结合部和广大的农村地区。太阳能集中热水系统也可应用在中大型城市的学校、浴室、体育馆等公共设施和大型居住建筑
	民用煤燃烧污染综合治理技术指南	① 太阳能：太阳能资源丰富且经济条件允许的地区宜采用太阳能热水供暖技术和主被动结合的供暖技术。经济欠发达地区应优先采用建筑本体节能技术和被动式太阳能利用技术 ② 生物质能：减少户用生物质直接燃烧，鼓励采用生物质转换技术将生物质转化为低排放的固体、气体燃料后加以使用。大型养殖场及周边地区可利用畜禽粪便和生物质建设规模化沼气集中供气采暖系统。生物质资源丰富和生物质成型燃料技术成熟的地区，可利用生物质成型燃料进行集中供暖

续表

重要措施分类	政策名称	具体内容
清洁能源替代	关于加快浅层地热能开发利用促进北方采暖地区燃煤减量替代的通知	① 对现有非清洁燃煤供暖适宜用浅层地热能替代的，应尽快完成替代；对集中供暖无法覆盖的城乡结合部等区域，在适宜发展浅层地热能供暖的情况下，积极发展浅层地热能供暖 ② 相关地区要根据供热资源禀赋，因地制宜选取浅层地热能开发利用方式。对地表水和污水（再生水）资源禀赋好的地区，积极发展地表水源热泵供暖；对集中度不高的供暖需求，在不破坏土壤热平衡的情况下，积极采用分布式土壤源热泵供暖；对水文、地质条件适宜地区，在100%回灌、不污染地下水的情况下，积极推广地下水源热泵技术供暖
	关于促进生物质能供热发展的指导意见	发展生物质热电联产：发展县域农林生物质热电联产；稳步发展城镇生活垃圾焚烧热电联产；加快常规生物质发电项目供热改造；推进小火电改生物质热电联产 发展生物质锅炉供热：推进城镇生物质成型燃料锅炉民用供暖、工业供热；推进生物质燃气清洁供热；形成专业化市场化生物质锅炉供热商业模式；建立分布式生产消费体系

表2-9 能效与节能相关政策措施

重要措施分类	政策名称	具体内容
能效与节能	能源生产和消费革命战略（2016—2030）	以系统节能为基础，以高效用能为方向：①工业节能技术。推进流程工业系统节能改造，推广工业循环利用、系统利用和梯级利用技术。应用原料优化、工业余热、余压、余气回收利用和电厂烟气余热回收利用技术。推行产品绿色节能设计，推广轻量化低功耗易回收技术工艺。②建筑节能技术。推广超低能耗建筑技术，发展新型保温材料、反射涂料、节能门窗和玻璃、绿色照明、智能家电等，发展近零能耗和既有建筑能效提升技术，推广可再生能源建筑规模化应用
	能源发展"十三五"规划	能源消费革命重点工程——节能行动：发展高效锅炉、内燃机、电机和变压器，推进高耗能通用设备改造，推广节能电器和绿色照明，提高重点用能设备能效。提高建筑节能标准，推进建筑节能改造，推广超低能耗建筑。实施工业园区节能改造工程，加强园区能源梯级利用
	"十三五"节能减排综合工作方案	①工业节能。重点耗能行业能源利用效率达到或接近世界先进水平。将可再生能源占比指标纳入工业园区考核体系。②建筑节能。开展超低能耗及近零能耗建筑试点，推广建筑屋顶分布式光伏发电。强化既有居住建筑节能改造，2020年前基本完成北方采暖地区有改造价值城镇居住建筑的节能改造。利用太阳能、浅层地热能、空气热能、工业余热满足建筑用能需求。③农业农村节能。推广农用节能机械、设备和渔船，发展节能农业大棚。结合农村危房改造推进节能及绿色农房建设，推动城镇燃气管网向农村延伸和省柴节煤灶更新换代，采用生物质能、太阳能、空气热能、浅层地热能解决生活等用能需求。到2020年，全国农村地区基本实现稳定

续表

重要措施分类	政策名称	具体内容
能效与节能	"十三五"节能减排综合工作方案	可靠的供电服务全覆盖,鼓励使用高效节能电器。④强化重点用能设备节能管理。到2020年燃煤工业锅炉实际运行效率提高5个百分点,新生产燃煤锅炉效率不低于80%,燃气锅炉效率不低于92%。推广高效换热器,提升热交换系统能效水平
	燃煤锅炉节能环保综合提升工程实施方案	国家部委首次针对除火电行业外的其他燃煤工业锅炉的环保提标改造措施。到2018年,推广高效锅炉50万吨,淘汰落后燃煤锅炉40万吨,完成节能改造40万吨,提高燃煤工业锅炉运营效率6个百分点,计划节约4000万吨标准煤
	建筑节能与绿色建筑发展"十三五"规划	①提高建筑节能标准及执行质量:推动严寒及寒冷地区城镇新建居住建筑实施更高水平节能强制性标准,提高建筑门窗等关键部位节能性能要求,引导京津冀率先实施高于国家标准要求的地方标准。在具备条件的园区、街区推动超低能耗建筑集中连片建设。②推动绿色建筑发展量质齐升:实施建筑全领域绿色倍增、绿色建筑全过程质量提升以及建筑全产业链绿色供给行动。实现东部省级行政区城镇新建建筑全面执行绿色建筑标准,中部省会及重点城市、西部省会新建建筑强制执行绿色建筑标准。③提升既有建筑节能水平:严寒及寒冷地区省市应结合北方地区清洁取暖要求,推进既有居住建筑节能改造、供热管网智能调控改造。完善适合夏热冬冷和夏热冬暖地区既有居住建筑节能改造的技术路线。推动节约型学校、医院、科研院所建设,积极开展绿色校园、绿色医院评价及建设试点。开展学校、医院节能及绿色化改造试点。④推进可再生能源建筑应用:加大太阳能光热系统在城市中低层住宅及酒店、学校等公共建筑中的推广力度。利用太阳能、空气热能、地热能等解决建筑供暖需求。在末端用能负荷满足要求的情况下,因地制宜建设区域可再生能源站。鼓励在具备条件的建筑工程中应用太阳能光伏系统。做好"余热暖民"工程。推广高效空气源热泵技术及产品。在城市燃气未覆盖和污水厂周边地区,推广采用污水厂污泥制备沼气技术。⑤推进农村建筑节能:鼓励农村新改扩建居住建筑按《农村居住建筑节能设计标准》《绿色农房建设导则》进行设计建造。鼓励政府投资的农村公共建筑、各类示范村镇农房建设项目率先执行节能及绿色建设标准、导则。总结符合地域及气候特点、经济发展水平、保持传统文化特色的乡土绿色节能技术,开展试点示范。在有条件的农村地区推广轻型钢结构、现代木结构、现代夯土结构等新型房屋。结合农村危房改造稳步推进农房节能改造。引导农村建筑用能清洁化、无煤化进程。采用太阳能、生物质能、空气热能等解决农房采暖、炊事、生活热水等用能需求。在经济发达、大气污染防治任务较重农村,结合"煤改电"推广可再生能源采暖

续表

重要措施分类	政策名称	具体内容
能效与节能	关于推进供给侧结构性改革防范化解煤电产能过剩风险的意见	①从严淘汰落后产能：淘汰不符合要求的30万千瓦以下煤电机组（含燃煤自备机组）。②清理整顿违规项目：对未核先建、违规核准、批建不符、开工手续不全等违规煤电项目一律停工停产。③严控新增产能规模：所有燃煤发电项目纳入国家的电力建设规划（含燃煤自备机组）；煤电项目规划建设风险预警等级为红色和橙色省份，不再新增煤电规划建设规模，确需新增的按"先关后建、等容量替代"原则淘汰；暂缓核准和开工建设自用煤电项目（含燃煤自备机组）。④加快机组改造提升：中部地区2018年底前完成具备条件机组的改造工作。⑤规范自备电厂管理：京津冀禁止新建燃煤自备电厂

2.2.2 省市层面

以下对北京、天津、河北、山西、山东和河南等省（市）与能源相关的政策、措施进行汇总（表2-10）。

表2-10　省（市）层面相关政策措施

政策名称	发布单位	发布时间
京津冀地区		
京津冀能源协同发展规划（2016—2025年）	此件未公开	不详
京津冀能源协同发展行动计划（2017—2020年）	北京市发改委、天津市发改委、河北省发改委	2017年11月
北京市		
关于北京市进一步促进地热能开发及热泵系统利用的实施意见	北京市发改委、北京市财政局、北京市国土资源局等	2013年12月18日
北京市高污染燃料禁燃区划定方案（试行）	北京市人民政府	2014年7月16日
北京市十三五"煤改电"实施计划	北京市发改委、北京市农委、北京市环保局	2016年1月
关于加大煤改清洁能源政策支持力度的通知	北京市发改委	2016年4月18日
关于进一步明确煤改地源热泵项目支持政策的通知	北京市发改委	2016年6月17日
北京市"十三五"时期节能低碳和循环经济全民行动计划	北京市人民政府办公厅	2016年8月18日

续表

政策名称	发布单位	发布时间
北京市"十三五"时期新能源和可再生能源发展规划	北京市发改委	2016年9月26日
北京市"十三五"时期民用建筑节能发展规划	北京市住房和城乡建设委员会、北京市发展和改革委员会	2016年10月31日
北京市"十三五"时期环境保护和生态建设规划	北京市人民政府	2016年12月28日
北京市"十三五"时期燃气发展建设规划	北京市城市管理委员会	2017年4月
北京市"十三五"时期能源发展规划	北京市人民政府	2017年6月23日
北京市2016—2020年加快推动民用散煤清洁能源替代工作方案	北京市发改委	京发改〔2016〕664号
北京市"十三五"时期大气污染防治规划	北京市环境保护局	2017年9月4日
北京市蓝天保卫战2018年行动计划	北京市人民政府	2018年3月15日
天津市		
天津市节能"十三五"规划	天津市工业和信息化委	2016年8月
天津市可再生能源发展"十三五"规划	天津市发改委	2016年12月15日
天津市供热发展"十三五"规划	天津市发展改革委	2017年2月4日
天津市节能"十三五"规划	天津市工业和信息化委	2017年2月28日
天津市"十三五"生态环境保护规划	天津市发改委	2017年5月5日
天津市2017—2018年秋冬季大气污染综合治理攻坚行动方案	天津市人民政府	2017年8月25日
天津市居民冬季清洁取暖工作方案	天津市人民政府	2017年11月21日
河北省		
关于推进全省城镇供热煤改电工作指导意见（征求意见稿）	河北省住房和城乡建设厅	2015年11月6日
河北省散煤污染整治专项行动方案	河北省大气污染防治工作领导小组办公室	2016年4月2日
河北省"十三五"期间新一轮农村电网改造升级工程实施意见	河北省人民政府办公厅	2016年5月25日
关于加快实施保定廊坊禁煤区电代煤和气代煤的指导意见	河北省人民政府	2016年9月23日
河北省可再生能源发展"十三五"规划	河北省发展和改革委员会	2016年10月14日

续表

政策名称	发布单位	发布时间
河北省地热能开发利用"十三五"规划	河北省发展和改革委员会、河北省国土资源厅等	2016年12月23日
河北省生态环境保护"十三五"规划	河北省人民政府	2017年3月7日
关于强力推进大气污染综合治理的意见和18个专项实施方案	河北省人民政府	2017年4月1日
河北省建筑节能与绿色建筑发展"十三五"规划	河北省住房和城乡建设厅	2017年4月12日
河北省煤炭工业发展"十三五"规划	河北省发展和改革委员会	2017年4月14日
河北省城镇供热"十三五"规划	河北省住房和城乡建设厅	2017年4月25日
河北省节能"十三五"规划	河北省人民政府办公厅	2017年4月26日
关于燃煤锅炉实施能效提升改造有关问题的通知	河北省发展和改革委员会	2017年7月10日
河北省"十三五"能源发展规划	河北省人民政府	2017年9月13日
河北省2017—2018年秋冬季大气污染综合治理攻坚行动方案	河北省大气污染防治工作领导小组办公室	2017年9月14日
河北省天然气迎峰度冬应急预案（2017—2018年度）	河北省发展和改革委员会	2017年9月28日
河北省2018—2020年分散式接入风电发展规划	河北省发展和改革委员会	2018年1月22日
山西省		
山西省煤炭供给侧结构性改革实施意见	山西省委、山西省人民政府	2016年4月24日
关于推进城乡采暖"煤改电"试点工作实施方案的通知	山西省人民政府	2016年4月26日
关于推进煤炭绿色低碳消费的实施细则	山西省人民政府	2016年5月16日
山西省"十三五"环境保护规划	山西省人民政府	2016年12月
山西省"十三五"综合能源发展规划	山西省人民政府	2016年12月21日
山西省节约能源"十三五"规划	山西省经济和信息化委员会	2017年3月23日
山西省"十三五"煤炭工业发展规划	山西省发展和改革委员会、山西省煤炭工业厅	2017年5月19日
山西省"十三五"新能源产业发展规划	山西省发改委	2017年5月25日
关于全面加快城市集中供热建设推进冬季清洁取暖的实施意见	山西省住房和城乡建设厅	2017年6月20日

续表

政策名称	发布单位	发布时间
山西省2017—2018年秋冬季大气污染综合治理攻坚行动方案	山西省人民政府	2017年9月28日
山西省建筑节能"十三五"规划	山西省住房和城乡建设厅	2017年11月14日
山西省防范化解煤电产能过剩风险工作方案	山西省人民政府办公厅	2017年11月27日
关于做好2018年煤电行业淘汰落后产能工作的通知	山西省经济和信息化委员会	2017年12月12日
山西省节能减排实施方案	山西省人民政府	2017年12月25日
关于做好山西省禁煤区划定和管理工作的通知	山西省人民政府	此件未公开,不详
关于全面加快城市集中供热建设推进冬季清洁取暖的实施意见	山西省住房和城乡建设厅	晋建城字〔2017〕140号
山西省"十三五"电力发展规划	此件未公开	此件未公开
山东省		
山东省2013—2020年大气污染防治规划	山东省人民政府	2013年7月17日
山东省煤炭消费减量替代工作方案	山东省发改委	2015年8月29日
山东省高效环保煤粉锅炉推广行动计划(2016—2018年)	山东省经济和信息化委员会、山东省发展和改革委员会、山东省教育厅等	2016年2月24日
关于加快推进全省煤炭清洁高效利用工作的意见	山东省人民政府	2016年4月18日
全省散煤清洁化治理工作方案	山东省人民政府	2016年8月
山东省农村地区散煤清洁化治理行动方案	山东省人民政府	2016年8月
山东省能源中长期发展规划	山东省发改委	2016年12月13日
山东省生态环境保护"十三五"规划	山东省人民政府	2017年4月7日
山东省新能源和可再生能源中长期发展规划(2016—2030年)	山东省发改委	2017年5月2日
山东省电力发展"十三五"规划	山东省发展和改革委员会	2017年5月3日
山东省落实《京津冀及周边地区2017—2018年秋冬季大气污染综合治理攻坚行动方案》实施细则	山东省人民政府	2017年9月26日
山东省7个传输通道城市清洁采暖气代煤电代煤工作实施方案	山东省住房和城乡建设厅	2017年9月30日
山东省低碳发展工作方案(2017—2020年)	山东省人民政府	2017年12月21日

续表

政策名称	发布单位	发布时间
河南省		
河南省蓝天工程行动计划	河南省人民政府	2014年3月23日
河南省2014—2020年煤电节能减排升级与改造行动计划	河南省发改委	2014年12月
关于做好产业集聚区能源结构调整方案编制工作的指导意见	河南省发改委	2015年12月18日
河南省电能替代工作实施方案（2016—2020年）	河南省发改委等	2016年8月18日
河南省煤炭行业化解过剩产能实现脱困发展总体方案	河南省人民政府	2016年8月29日
河南省天然气替代煤专项方案（2016—2020年）	河南省发改委	2016年9月7日
河南省"十三五"节能低碳发展规划	河南省发改委	2016年12月29日
河南省"十三五"能源发展规划	河南省人民政府	2017年1月4日
河南省"十三五"生态环境保护规划	河南省人民政府	2017年6月30日
河南省"十三五"节能减排综合工作方案	河南省人民政府	2017年7月9日
河南省"十三五"煤炭消费总量控制工作方案	河南省人民政府	2017年7月16日
河南省"十三五"城乡配电网发展规划	河南省发展和改革委员会	2017年7月25日
河南省"十三五"可再生能源发展规划	河南省发改委、河南省能源局	2017年8月30日
河南省推进能源业转型发展方案	河南省人民政府	2017年11月14日
河南省2018年大气污染防治攻坚战实施方案	河南省人民政府	2018年2月6日
河南省煤电行业淘汰落后产能专项行动方案（2018—2020年）	不详	不详

2.3 清洁取暖技术应用情况

北京市早在2014年就开始农村清洁取暖推广工作，是北方地区开始较早的城市，因此以北京为代表开展北方地区农村清洁取暖技术应用情况调查，选择已运行1个采暖期以上的行政村或自然村为对象进行调研，重点分析空气源热泵、蓄热式电暖器、燃气壁挂炉和地源热泵等主流清洁取暖技术的经济性和舒适性，评估已使用清洁取暖技术的使用效果和存在问题。

2.3.1 调研对象总体情况

调研对象涉及北京市 6 个区县、15 个村、6574 户，其中平原 6 村 3377 户，山区村 5 村 859 户，半山区村 4 村 2322 户，城乡结合部 1 宿舍区 16 户。地区覆盖了山区、半山区、平原各种地形，平原、山区和半山区地形占比分别为 40%、33.3% 和 26.7%，建筑面积因户而异，面积大都集中在 200m² 以内，仅有 4.65% 的住宅面积大于 200m²，面积在 100m² 以内的用户超过了一半，约 55.8%，39.5% 的用户建筑面积为 100~200m²。各用户的围护结构不尽相同，其中采用三七墙最多，占比达到 69.8%，采用二四墙的有 27.9%；一大部分用户的墙体都设置了保温，占到了调研总数的 65.1%，有 34.9% 的用户未铺设保温层。

调研的 15 个村中，"煤改气""煤改电"的改造主要是由燃煤采暖改成燃气采暖、电暖器采暖、空气源热泵采暖、地源热泵采暖等技术，有部分村中不止使用一种技术。其中，采用燃气采暖的用户涵盖 3 个村，采用热泵采暖的用户涵盖 8 个村，采用电暖器采暖的用户涵盖 7 个村。室内末端形式主要有暖气片、地暖和风机盘管三种，采用暖气片的最多，占比达到 65.1%，27.9% 采用地暖，只有 7.0% 采用风机盘管。

2.3.2 空气源热泵应用情况

2.3.2.1 经济性分析

（1）设备投资情况

空气源热泵价格在 20000~30000 元范围内，根据各区县的补贴政策不同，不同地区的用户投资费用差距较大。最高的自付金额为平谷区的胜利街村，达

11000元，占到设备价格的26%；房山区的龙门台村和杨驸马庄村、海淀环保局宿舍的设备为政府出资，无需自付。

据调研情况，使用空气源热泵采暖的户均面积约为95~100m²。未补贴情况下，空气源热泵设备的单位面积初投资达到205~310元/m²，政府补贴后自付比例10%~44%，单位面积投资为55~95元/m²。详见表2-11。

表2-11 空气源热泵采暖的设备投资情况

调查对象	设备价格/元	用户初投资/元	政策补贴金额/元	单位面积初投资/(元/m²)	占家庭收入比例/%	改造年份	补贴政策
房山区龙门台村	14000	0	14000	0	0	2013	空气源热泵每台14000元，由政府出资进行改造
房山区杨驸马庄村	14000	0	14000	0	0	2014	
昌平区麦庄村	17000~24000	2000~9000	15000	55	12	2015	设备投资每户补助15000元左右
昌平区桃峪口村	28000~29000	8000~9000	20000	93.15	19	2015	设备投资每户补助20000元左右
海淀区环保局宿舍	—	0	—	0	0	2015	由政府出资进行改造
平谷区东寺渠村	25000~30000	10000	15000~20000	85.47	17.5	2014	设备用户承担10000元，剩余由区政府和市政府承担
平谷区胜利街村	25000~30000	11000	14000~19000	70.97	25.7	2015	设备用户承担11000元，剩余由区政府和市政府承担，每户只能买1台

（2）运行费用情况

空气源热泵采暖的运行费用差距较大，与区域、气候以及房屋的围护结构有很大关系。各区县对空气源热泵采暖形式都采取了电价补贴政策。除胜利街村以外，空气源热泵采暖的运行费用占人均年收入的百分比在5%~28%。详见表2-12。

房山区的龙门台村、杨驸马庄村和平谷区的东寺渠村在"煤改电"以后，单位面积的运行费用均减少，约占空气源热泵总用户数59.42%。从调研结果来看,原因在于这些地区大多为新建房或新装修住宅,围护结构保温效果较好,墙体均设置了保温,且均采用的是峰谷电价;且部分地区原燃煤采暖使用的煤价较高,其中最高达到1200元/吨。

表2-12 空气源热泵采暖的运行费用情况

调查对象	单位面积采暖费/(元/m²)		运行费用占人均收入比例	原燃煤采暖费用/(元/m²)	改造后采暖费变化/%	补贴政策
	补贴前	补贴后				
房山区龙门台村	19.73	17.2	8.5%	31.25	-47.519	晚21:00至次日6:00享受0.3元/度的低谷电价
房山区杨驸马庄村	18.36	16	8.5%	32.05	-39.989	
昌平区麦庄村	65.15	56.78	11.2%	34.23	67.22	谷段电价优惠时段统一为21:00至次日6:00,在享受低谷电价0.3元/度的基础上,由市、区(县)两级财政各补助0.1元/度,白天电价0.485元/度
昌平区桃峪口村	28.52	24.86	5.1%	22.99	0.127	
海淀区环保局宿舍		21.69	—	—	—	补贴后电费为0.5元/度
平谷区东寺渠村	41.30	35.99	7.3%	46.36	-15.056	享受峰谷试点电价,谷段电价0.3元/度,优惠时段统一为21:00至次日6:00,白天电价0.485元/度。
平谷区胜利街村	86.06	75	28%	31.25	140	谷段电价0.1元/度优惠时段统一为21:00至次日6:00,白天电价0.485元/度

注:市区各补贴的0.1元/度未补贴到账,表中数据是按照0.3元/度的价格得到的。1度=1千瓦时(kW·h)。

昌平区的麦庄村和平谷区的胜利街村采暖费用增加较多,分析其原因在于:麦庄村为半山区地形,用户的室内末端形式为暖气片,且有些用户未设置保温;胜利街村冬季温度较低,部分用户墙体为二四墙,保温效果较差。

与市政采暖标准24元/m²、小区供暖收费标准30元/m²相比较,昌平区的麦庄村(56.78元/m²)、平谷区的东寺渠村(35.99元/m²)和胜利街村(75元/m²)均超过了该标准。分析其原因是这些地区的大多数用户采用的室内末端形式为暖气片，若将室内末端形式改为换热效果较好的地暖，可以节省能源费用。

2.3.2.2 舒适性分析

根据调研结果用户反映，无论山区、半山区、平原的农村地区，采用空气源热泵采暖都能保证室内温度保持在17～25℃范围，基本符合暖通设计标准（表2-13）。

采用空气源取暖的用户建筑面积50～180m²范围均有；墙体有保温的占到采用空气源热泵取暖用户的77.78%，室内温度在17～24℃，墙体无保温的用户室内温度在19～22℃。由此可见，空气源热泵采暖适用于不同面积、不同保温情况等，适用性广泛。

从用户的运行费用来看，同等条件下采用保温和地暖可以减少单位面积能源费用。散热器的进水温度一般以60℃以上为佳，空气源热泵的供水温度达不到此要求，效果不佳；地暖的供水温度在40～50℃，供水温度较低，系统的热损较小，可节省电力能源，且与空气源热泵的供水温度相近，因此空气源热泵与地暖为最佳搭配；且采用地暖采暖的房间，地面温度比较均匀，温度自下而上递减，给人感觉舒适。

表2-13 各地区空气源热泵采暖的室内外温度情况

调查对象	采暖季平均温度/℃	最低气温/℃	室内温度/℃
房山区龙门台村	-13	-20	17～20
房山区杨驸马庄村	-5	-19	20
昌平区麦庄村	-4	-15	17～23
昌平区桃峪口村	-4	-13	18～24
海淀区环保局职工宿舍	0	-15	20
平谷区东寺渠村	-10	-15	20～23
平谷区胜利街村	-10	-28	19～20

2.3.2.3 总体评估

从经济性来说，空气源热泵的初投资较大，约305～310元/m²，根据政府补贴政策不同，补贴后用户自行承担的单位面积投资在 55~95 元/m² 范围。采用空气源热泵普遍可以节省单位面积的运行费用，如搭配地暖和保温层，运行费用能得到进一步降低。

从舒适性来说，采用空气源热泵可以满足不同地形不同室外温度不同围护结构用户的采暖需求，室内温度可达到 17~24℃ 范围。空气源热泵搭配地暖的室内末端形式效果更佳，节省能源费用的同时，温度均匀，感觉舒适，且有益身体健康。

但空气源热泵存在低温启动限制，如门头沟区的禅房村冬季温度约为 -26℃，最低气温可达到 -35℃，超出了空气源热泵的低温启动要求，无法使用空气源热泵进行采暖。

空气源热泵投入高，安装较复杂，适用范围广，适用于冬季最低温度不低于 -20℃ 的各类地形、面积、围护结构的区域进行采暖。

2.3.3
蓄热式电暖器应用情况

2.3.3.1 经济性分析

（1）设备投资情况

蓄热式电暖器的价格在每台 1500~2000 元/台，政府对电暖器的投资除雕窝村以外均进行了补贴，补贴后价格在 1000 元/台以内，每户的设备投资费用占人均年收入的 10% 以内，用户投资较小。除了没有补贴政策的雕窝村和建筑面积较小的石景山区陈家沟村外，单位面积的投资成本均在 50 元/m² 以内。详见表 2-14。

根据调研结果，采用蓄能式电暖器用户的平均建筑面积约为 75.78m²，面积范围在 10~140m²。其中面积在 50m² 以内的约占到 44.87%，面积在 50~100m² 的用户占到 17.07%，仅有 38.06% 的用户面积在 100m² 以上。

（2）运行费用分析

采用蓄能式电暖器采暖时，单位面积的运行费用在 40~150 元/m² 范围内，与市政采暖费用 24 元/m² 和小区采暖费用 30 元/m² 相比，采用蓄能式电暖器采暖费用较高。运行费用除房山区的杨驸马庄村外，人均年收入占比均在 11% 以内。其中，杨驸马庄村费用较高的原因在于该村无电价补贴政策，而电暖器能源消耗量较高。详见表2-15。

表2-14 蓄能式电暖器的设备投资情况

调查对象	设备投资/元	用户自付费用/元	单位面积投资/(元/m²)	改造年份/年	占家庭收入比例	补贴政策
房山区襄驸马庄村	3000	1800	27.69	2014	5.6%	设备每台政府补贴1200元
房山区杨驸马庄村	6600	2200	17.6	2014	7.3%	设备补贴总额的1/3，最高上限每台2200元，每户补贴3台（设备投资为3台的费用）
平谷区雕窝村	1600	1600	72.73	2014	1.5%	电表外部分的改造由政府承担，电表以内由用户承担（设备投资为单台费用）
石景山区陈家沟村	6540	2180	62.28	2014	9.1%	设备补贴总额的1/3，补贴金额最高不超过2200元（设备投资为3台的价格）
石景山区模式口村	6540	2180	37.46	2015	1.8%	
石景山区坛峪村	6540	2180	42.74	2014	9.1%	

与原燃煤采暖运行费用相比，除石景山的模式口村外，采暖费用均增加。石景山区模式口村分析可见，该地区冬季温度与市区相近、建筑面积较小且政府的补贴力度大。而增加幅度排列前两名的襄驸马庄村和雕窝村冬季最低气温在-17~-19℃，冬季温度低，采暖所需的能源费用相应较高。

表2-15 蓄能式电暖器的运行费用情况

调查对象	单位面积采暖费/(元/m²)		运行费用占人均收入比例	原燃煤采暖费用/(元/m²)	改造后采暖费变化/%	补贴政策
	补贴前	补贴后				
房山区襄驸马庄村	74.42	74.42	10.9%	31.07	138.951	无电价补贴政策，村民供暖电价0.485元/度
房山区杨驸马庄村	41.425	41.425	20%	32.185	33.344	

续表

调查对象	单位面积采暖费/（元/m²）		运行费用占人均收入比例	原燃煤采暖费用/（元/m²）	改造后采暖费变化/%	补贴政策
	补贴前	补贴后				
平谷区雕窝村	164.76	143.59	2.8%	62.18	133.334	享受峰谷试点电价，谷段电价，优惠时段统一为21:00至次日6:00，用户享受低谷电价0.3元/度，白天电价0.485元/度
石景山区陈家沟村	86.06	75	5.4%	62.5	20	谷段电价优惠时段统一为21:00至次日6:00，在享受低谷电价0.3元/度的基础上，由市、区（县）两级财政各补助0.1元/度，白天电价为0.485元/度
石景山区模式口村	62.52	54.486	1.1%	53.892	-5.126	
石景山区坛峪村	78.55	68.46	5.4%	58.46	25	

注：市区各补贴的0.1元/度未补贴到账，表中数据是按照0.3元/度的价格得到的。

2.3.3.2 舒适性分析

采用蓄能式电暖器室内温度一般保持在13～20℃。由于蓄能式电暖器只在谷价期间蓄能，因此在傍晚时候，储存的热量即将释放完毕，室内温度会下降，造成室内舒适性较差。表2-16为蓄能式电暖器使用的室内外温度情况。

表2-16 蓄能式电暖器使用的室内外温度情况

调查对象	采暖季平均温度/℃	最低气温/℃	室内温度/℃
房山区襄驸马庄村	-7	-19	17～20
房山区杨驸马庄村	-5	-15	16～17
平谷区雕窝村	-6	-17	20～26
石景山区陈家沟村	-10	-18	10～20
石景山区模式口村	0	-10	17～23
石景山区坛峪村	-7	-15	13～22

暖通设计标准中规定室内温度为18～22℃，蓄能式电暖器除平谷区雕窝村和石景山区的模式口村外，均无法满足暖通设计要求。分析这两个地区发

现,与其他采用电暖器的地区相比,该地区冬季平均气温较高,且户型面积较小。

陈家沟村的室内温度仅有 10~20℃,分析其原因主要在于:该地区为山区地形,采暖季平均温度低,且墙体未铺设保温层。通过铺设保温层,可以减少采暖能源损耗,提高室内温度,增强室内的舒适性。

分析室内温度满足暖通设计标准的雕窝村和模式口村发现,这两个区域的户型面积较小,且采暖季平均气温高于其他区域。

2.3.3.3 总体评估

从经济性上来说,蓄能式电暖器的初投资小,单位面积投资费用低,在未补贴情况下约 109 元/m² 左右。但能源消耗量大,单位面积运行费用较高。

从舒适性上来说,使用蓄能式电暖器采暖时,室内温度较低,且均为暖气片形式,舒适性较差。且傍晚热量接近释放完毕,温度下降较多,舒适性不佳。

蓄能式电暖器投入低,运行灵活,适用于温度较高、面积较小的区域进行采暖。

2.3.4 燃气壁挂炉应用情况

2.3.4.1 经济性分析

(1)设备投资情况

燃气壁挂炉的设备价格在 10000~15000 元/台,除房山区河口村无补贴外,其余两个地区的燃气设备均由政府补贴 90%,自付 10%,用户自付初投资在 1500 元以内,单位面积初投资在 7.5 元/m² 以内。详见表 2-17。

表2-17 燃气壁挂炉的设备投资情况

调查对象	设备价格/元	用户自付价格/元	单位面积初投资/(元/m²)	占家庭收入比例/%	改造年份	补贴政策
房山区河口村	10000~15000	10000~15000	41.67	13.9~20.8	2014	改造时间较早,设备无补贴

续表

调查对象	设备价格/元	用户自付价格/元	单位面积初投资/(元/m²)	占家庭收入比例/%	改造年份	补贴政策
昌平区曹庄村	10000	<1000	0~6.67	0~3.6	2015	燃气炉与燃气灶的投资费用由政府补贴90%，村民自付10%，最多补贴13000元
昌平区辛店村	10000~15000	1000~1500	7.35	2.56~3.85	2013	燃气炉与燃气灶的投资费用由政府补贴90%，村民自付10%

根据调研结果分析来看，使用燃气壁挂炉进行采暖的建筑面积在90~500m²范围内，其中建筑面积在100m²以内的用户占比为12.5%，62.5%的用户建筑面积在100~200m²范围内。可见，燃气壁挂炉对于大小户型面积均适用。

（2）运行费用分析

采用燃气壁挂炉进行采暖，采暖季单位面积的运行费用约28~36元/m²，占人均年收入的10%~16%。在政府补贴政策上，除较早改造的河口村外，均得到了较大的补贴力度。

房山区河口村在未补贴燃气价格的情况下运行费用还低于辛店村的原因主要在于：该地区采用的室内末端形式均为地暖，节省了能源费用。昌平区的曹庄村运行费用最低，其主要原因在于当地的补贴较高，燃气售价仅为1.28元/m³。详见表2-18。

表2-18　燃气壁挂炉采暖的运行费用情况

调查对象	单位面积采暖费/(元/m²) 补贴前	单位面积采暖费/(元/m²) 补贴后	运行费用占人均收入比例/%	原燃煤采暖费用/(元/m²)	改造后采暖费变化/%	补贴政策
房山区河口村	35.143	35.143	14.2	43.89	58.252	燃气费用无补贴，3.15元/m³
昌平区曹庄村	51.27	28.783	11.7	27.99	7.832	燃气价格为2.28元/m³，采暖器内(11月15日至次年3月15日)由汇能集团和镇政府各补0.5元/m³，即1.28元/m³

续表

调查对象	单位面积采暖费/(元/m²)		运行费用占人均收入比例/%	原燃煤采暖费用/(元/m²)	改造后采暖费变化/%	补贴政策
	补贴前	补贴后				
昌平区辛店村	38.97	35.89	15.4	29.82	20.199	燃气价格为2.28元/m³，采暖季11月15日至3月15日补贴0.18元/m³，按户最多补贴306元

与原燃煤采暖运行费用相比，使用燃气壁挂炉的采暖费用较高。与市政采暖费用24元/m²相比较，燃气采暖费用均较高；与小区采暖费用30元/m²相比，采用燃气采暖费用略高于或与之持平。

2.3.4.2 舒适性分析

燃气采暖一般设置有温控器，可以设置所需保持的室内温度。且由于燃气壁挂炉启停方便，可随用随开，农村用户一般采用白天调低温度或关闭壁挂炉，晚上开大。一般采用燃气壁挂炉的用户室内温度均可达到18～25℃。暖通设计标准的室内温度约18～22℃，采用燃气采暖可满足暖通设计标准。表（2-19）为使用燃气采暖的室内外温度情况。用户的室内温度与用户的使用习惯有关。

表2-19 使用燃气采暖的室内外温度情况

调查对象	采暖季平均温度/℃	最低气温/℃	室内温度/℃
房山区河口村	-6	-17	18～22
昌平区曹庄村	-3	-12	16～20
昌平区辛店村	-6	-16	19～22

采用燃气壁挂炉采暖的用户面积在90～500m²范围均覆盖，其中墙体未设置保温的占比达到44.44%；且室内末端形式地暖与暖气片均有，采用地暖的用户占到66.67%，在各种形式下，采用燃气采暖温度均能满足暖通设计标准，可见燃气采暖适用性广。

若墙体布置相应的保温措施，采暖效果可以得到增强。燃气采暖的室内末端形式一般采用的是地暖或暖气片，若采用地暖，则换热面积大，有利于用户的采暖。

2.3.4.3 总体评估

从经济上来看,燃气壁挂炉的初始投资高于电暖器,但在政府补贴政策下,投资较低,补贴前单位面积投资约 130 元/m^2,补贴后在 45 元/m^2 以内,用户自付比 10%~100%。采用燃气采暖会增加运行费用,但与小区采暖费用持平或略高。

从舒适性来说,采用燃气采暖可以满足不同室外温度不同围护结构不同室内末端形式用户的采暖需求,室内温度可达到 18~25℃范围。燃气壁挂炉搭配地暖的室内末端形式效果更佳,节省能源费用的同时,温度均匀,感觉舒适,且有益身体健康。

燃气壁挂炉投入低于空气源热泵,但需安装燃气管线,要求用户与燃气管线或燃气站较近,适用范围广,适用于各种温度、面积、围护结构的平原、半山区区域进行采暖。

2.3.5
地源热泵应用情况

2.3.5.1 经济性分析

门头沟区禅房村为险村改造,新建房墙体设置有保温,采用的是地源热泵采暖,设备由政府投资,单位面积投资 650 元/m^2,用户无需自付,电价则采用两级阶梯电价,未享受补贴。采暖季的单位能源费用为 29.26 元/m^2,采暖费用占人均年收入的 19.8%。原先的房子采用燃煤采暖时,能源费用约 18.5 元/m^2,改造后采暖费用增加。

2.3.5.2 舒适性分析

采用地源热泵采暖可以有效地保证室内温度,一般室内温度在 18~25℃范围内,且设置有温控器,可以根据需要调节温度。暖通设计标准中规定室内温度为 18~22℃,采用地源热泵采暖符合暖通设计标准。

2.3.5.3 总体评估

地源热泵前期投入费用高,但单位面积运行费用低,与小区采暖费用持平,且适用范围广,只需有适合打井的土质和足够空间进行地埋管即可,无需考虑地区的冬季室外温度、建筑面积与围护结构等。

2.4 清洁取暖存在的主要问题

目前,北方农村地区清洁取暖改造主要面临以下问题:

(1)清洁取暖技术有待进一步开发和升级,技术路线选择未经过充分论证

现阶段,清洁取暖成本与居民的实际支付能力或承受能力存在较大差距,导致政府需要大量投入补贴资金,以保证清洁取暖工作的启动和持续。因此,升级清洁取暖技术、降低清洁取暖成本是技术层面所面临的主要问题。北方一些地区盲目照搬其他地区经验,采取"一刀切"的方式进行改造。例如,2017年部分地区盲目扩大"煤改气"实施规模,忽略了其他可行的清洁取暖方式,使天然气供需矛盾加重;2018年一些地区出现了盲目推广电取暖方式。

(2)技术支撑能力及商业模式创新有待提升

有些清洁供暖方式没有得到广泛应用,相关的技术标准和规范不完善,市场标准及操作规范不统一,产品质量和性能不稳定,使用户体验较差。清洁取暖投资主要依靠补贴,经营管理方式、融资方式、服务范围和水平有待进一步提升。

(3)改造方案系统性设计不足

清洁取暖工程涉及热源、热网、用户多个环节,需因地制宜选择热源,提升热网效率,降低取暖能耗,在科学规划和设计的基础上确定改造方案。当前北方大部分地区在清洁能源供应和农村地区建筑节能保温措施跟不上,取暖效果达不到期望的效果。

(4)清洁取暖财政政策体系有待完善

清洁取暖工程是一项巨大的工程体系,需要很多政策推动工程的进行,目

前尚未形成完整的财政支持政策体系。清洁取暖政策体系针对的主体繁多，包括能源供应企业、居民和金融机构等。需要形成适用于不同参与主体的财政支持政策，如气价补贴、电价补贴、企业贷款优惠、税收减免等政策，使每个参与主体都能获益。

（5）缺乏可持续的经济激励和成本回收机制

北方地区清洁取暖资金主要依赖财政补贴，包括能源设施改造、清洁取暖设备一次性补贴、电价补贴、气价优惠政策等，导致经济不发达地区推进清洁取暖的财政负担过重，补贴政策很难长期持续。待补贴政策结束后，已采用清洁取暖的用户有可能倒回燃煤取暖。大规模的"煤改气""煤改电"增加了各级地方政府的财政负担，从近期补贴资金需求量的角度来看，各地对于中央财政资金的需求依然存在，随着清洁取暖改造范围的扩大，地方财政的资金压力将越来越大，中央财政的支持范围和力度也应有所提升。从长远来看，探索更多非现金激励政策模式，构建可持续发展的机制，尽可能降低财政补贴强度，形成"企业为主，政府推动，居民可承受"的清洁取暖商业模式是未来管理阶层所需考虑的主要问题。

（6）清洁能源供应与配套基础设施存在短板

很多地区集中供热管网、天然气供气管网、电网等能源基础设施难以满足清洁取暖的需求，尤其是农村地区，配电网容量较低（户用电网线路容量2～3kW），无法满足冬季供暖需求。为完成北方地区清洁取暖改造任务，2017年大部分地区选择天然气取暖，但面临气源供应不足，难以应对取暖需求的局面。部分地区电网较弱，改造投资较大。部分集中供暖地区供热管网老化、腐蚀严重，影响供热系统安全和供热质量。2017年全国性"气荒"问题的出现也暴露出部分地区散煤替代工作缺乏与天然气管网建设部门、电网公司的统筹协调问题，解决清洁能源季节性供需矛盾也是管理层面所面临的问题之一。超预期与规划的快速发展造成气代煤工程质量及安全运行隐患、清洁能源替代工程配套设施与政策不到位，且储气库建设、液化天然气接收站扩容、推进南气北运等建设不可能在短时间得到解决。

（7）群众认可度低

受到传统取暖观念和较高使用成本的影响，民众对清洁取暖认识不足，对清洁取暖认可度不高，采用清洁取暖的积极性不强。电力、天然气用于农村供暖的成本较高，增加了农民负担。随着未来清洁供暖工作向更大范围的农村地区推进，降低成本的问题日益突出，在煤改电、煤改气的补贴政策逐步退坡后，居民存在供暖成本升高的担忧。

在补贴需逐步降低至退出的预期下，如何降低补贴标准、确立何种水平的补贴标准降低幅度成为政府所面临的重要问题。但各地经济水平、资源禀赋等不尽相同，居民取暖成本也各不相等，因此，各地实行同一水平的清洁取暖补贴政策显然是不现实的。前文从宏观角度出发，分析了北方农村地区清洁取暖及其补贴政策的整体现状与问题，在后续章节中将从微观层面，采用理论与实证结合的方式，以北京、太原、晋城、保定四市为样本区，测算农户的清洁取暖支付意愿，细化分析各市现行的农村居民清洁取暖补贴政策及其实施效果，探索符合现实需求的清洁取暖补贴政策优化路径。

3

清洁取暖技术系统集成

3.1 能源结构
3.2 能源工程
3.3 能源管理
3.4 清洁取暖技术比较
3.5 清洁取暖技术选型的影响因素

3.1 能源结构

在保障能源安全的前提下,为解决传统能源生产利用方式带来的环境保护问题,有两种途径可供选择:一是加快去煤化进程,大幅提高天然气、核能、风能、太阳能等清洁能源、可再生能源比重。而在能源供应结构以煤为主的中国,在未来相当长的时期内,煤炭都将是基础能源,去煤化几乎不可能实现,唯有结合行业及区域特征,大力控制煤炭消费量;二是立足国情,坚持煤炭主体能源地位不动摇,着力推进煤炭清洁高效利用,可再生能源作为辅助能源稳步推广。

3.1.1 煤炭减量化与清洁化

3.1.1.1 控制煤炭消费量

(1)削减煤炭消费绝对量

煤炭总量控制是未来能源结构优化中不可或缺的手段,区域煤炭消费控制更是实现大气污染防治的根本方法。在煤炭利用技术尚未体现优势的前提下,削减煤炭消费绝对量,是各区域调整能源结构,防治大气污染的首要选择。

削减煤炭消费量,涉及区域资源禀赋、自然条件及经济发展状况,因此在制定煤炭消费削减计划时需多方面综合考虑。确定煤炭削减目标及配套措施均是关键性环节。煤炭替代主要由淘汰非电行业落后产能、清洁取暖改造、燃煤锅炉集中整治、非化石能源开发利用、城乡居民散煤替代、节能改造项目、用能权有偿使用和交易、其他煤炭削减或替代措施等途径来实现。因此,在现状调查分析基础上,准确地确定削减的目标是非常重要的。图3-1列出削减煤炭消费的思路,可供具体分析时参考。

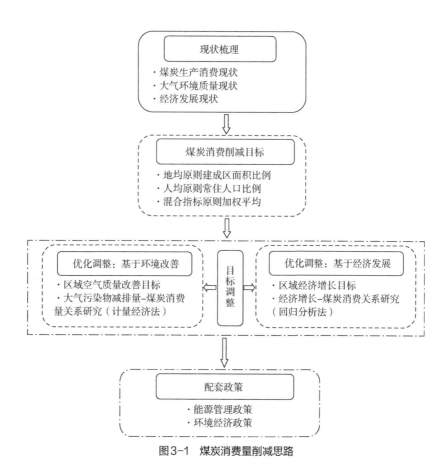

图3-1 煤炭消费量削减思路

（2）控制重点行业煤炭消费量

我国从2016年正式开始在行业层面开展煤炭减量工作，对以火电为主的行业进行了用煤规定。而针对京津冀及周边地区的城市，尤其以工业为主的城市，重污染行业所带来的大气污染则使得重点行业的煤炭控制不可缺少。

控制行业煤炭消费量，需要考虑煤炭用量与强度分析，结合行业污染物排放状况，建立行业煤炭消费与大气环境质量之间的关系，再结合行业排污许可，明确行业煤炭消费量目标。具体的措施可从以下几个方面进行：

优化产业结构，削减煤炭消费需求。在电力、钢铁、化工、建材等行业再淘汰一批能耗高于全国平均水平的低效产能，严格限制水泥、钢铁、化工、化纤、造纸、纺织等高能耗、高污染行业规模。

深化重点行业节能改造。实施煤电节能减排升级与改造行动计划，对现役燃煤发电机组进行节能增效和环保提标改造，供电煤耗达到全国同类机组先进水平，全部实现超低排放。开展重点行业能效对标活动，实施炼焦、化工、水泥等高耗煤行业节能改造。加强重点行业用能监管，采用目标考核制度，对未完成年度煤炭削减目标的单位，进行审计，限期整改。

3.1.1.2　促进煤炭的清洁高效利用

（1）散煤治理管控

散煤治理的切入点包括散煤替代及煤炭集中利用，其中散煤替代技术主要有优质煤替代、电能替代、天然气替代、地源热泵替代、沼气及生物质替代、使用节能环保型燃煤采暖炉具等。

在推进民用散煤治理过程中，应坚持"清洁能源替代优先、清洁煤兜底"的基本思路，坚持以保障群众温暖过冬为第一原则，提高城镇集中供热率，具备条件的城中村、城郊和农村加快推进气代煤和电代煤。在不具备替代条件的农村和山区采用洁净煤和适配炉具作为过渡性方案，实现洁净型煤替代全覆盖。可以建立洁净型煤配送网点。每个洁净型煤配送网点，都需要掌握所负责区域的洁净型煤用户量与使用量，并及时反馈给洁净型煤生产企业。洁净型煤生产企业按照"厂家配送、运煤到户、封闭运行"的原则，将洁净型煤按时按量直接配送到用户家中，有效减少成本投资，避免二次污染。目前应当引起重视的问题是，在低补贴政策之下，在居民支付能力相对较弱的地区冬季可能面临"返煤"或"逆替代"的挑战。

散煤最终将被电能、天然气、太阳能和地热等清洁能源替代，过渡时期需要采用清洁煤替代措施，降低大气污染物排放量。通过对各项散煤替代技术进行综合评价研究可发现，对于实现民用散煤的清洁化，各技术的综合评价排序为：集中供暖>优质无烟煤替代>生物质成型燃料替代>洁净型煤替代>推广高效节能炉具>民用洁净焦替代>兰炭替代>以气代煤>以电代煤。

在我国当前发展和技术水平下，集中供暖是实现我国民用散煤清洁化的最有效技术，优质无烟煤替代、生物质成型燃料替代、洁净型煤替代、推广高效节能炉具相辅相成构成的多元化民用洁净煤体系是实现民用散煤清洁化的现实选择。民用洁净焦、兰炭可作为储备技术而发展。以气代煤、以电代煤则是我国民用散煤清洁化的必然发展方向。

可采取的主要手段包括：①制定系统的散煤治理行动计划；②强化煤炭生

产消费全过程管理，强化生产源头管控、经营过程监管及末端使用指导，阻断劣质煤流通使用；③提高煤炭洗选率，建设全密闭煤炭优质化加工和配送中心，通过选煤、配煤、型煤、低阶煤提质等先进的煤炭优质化加工技术，逐步形成分区域优质化清洁化供应煤炭产品的布局；④推动煤炭集中利用，推广热电联产集中供热等用能形式；⑤加强建筑节能，降低房屋用能强度等。

（2）使用民用清洁燃烧炉具

传统老式炉具都是从扒灰口进风，燃烧不充分，造成排烟、灰尘较多，清洁燃烧炉具最明显的改进是增加了二次进风，通过给上炉口再配一次氧气，将燃烧过程产生的烟气二次燃烧，使燃烧充分，减少污染排放。清洁燃烧炉具热效率高，通过科学的设计，包括炉膛及烟箱等，使燃烧更充分，减少热损失，提高热效率。例如，有的炉具设计增加了储料仓，针对能适用生物质压块、型煤、优质低硫煤等燃料，储料仓能够自动将燃料滑落到炉膛内，炉膛内在持续给料的时候不会缺氧，不会有浓烟。通过推广高效清洁燃烧炉具，能够有效解决部分农村厨房烟熏味重和秸秆乱堆乱放等问题，使农户厨房、庭院变得干净，炊事取暖方便快捷。

（3）洁净煤应用

在节约煤炭消费量的同时，加强煤炭的清洁高效利用是大气污染防治的重要手段之一。一方面加强煤的清洁转化及使用，另一方面加强煤炭利用的清洁处置。①推广低硫低灰分优质煤的使用，以优质煤代替劣质煤；②发展配煤供应，提高配煤质量；③限制高硫高灰分煤炭的开采，扩大煤炭选送加工；④在目前不能使用清洁能源的用户中，推广使用型煤；⑤工业锅炉、窑炉逐步用洁净气体（或液体）燃料、型煤替代散烧原煤；⑥开发使用高效除尘器和低氮燃烧器，提高锅炉燃烧效率；⑦推广安装脱硫净化装置；⑧开发利用高效燃烧和烟气净化技术。

（4）优化电力用煤

电力用煤指的是用于燃煤发电的煤炭消耗。煤炭发电，具有利用效率高、污染易集中治理的突出优点，目前国内燃煤电厂大气污染物控制装置基本全覆盖，治理技术总体达到世界先进水平，尤其低氮燃烧等超低排放技术已经得到普遍应用。但相比于美国等发达国家，我国发电用煤占比明显偏低，且煤电产能过剩较为严重，不利于大气污染控制，京津冀及周边地区有同样问题。因此一方面应提高煤炭消费中用于发电的比例；另一方面应大力化解煤电产能，也即加快煤电的去产能进程，以此促进煤炭的清洁高效利用。

可采取的措施主要包括：①淘汰煤炭落后产能的同时，加快释放优先产能；②降低发电企业电煤采购成本，强化电煤保供措施；③加强铁路运力调配，优先保障电煤运输，尤其是长期合同电煤的运输；推行煤电一体化开发；④严格控制新建纯凝燃煤机组；加快现有机组节能减排改造，因地制宜改造、关停淘汰煤耗高、污染重的小火电。

（5）缓解能源贫困问题

"能源贫困"是指一些人群不能公平获取并安全利用能源，特别是充足、可支付、高质量、环境友好的能源的状况。能源贫困是成长中国家贫困的标志之一，是世界能源体系面临的重大挑战之一，受到国际社会的高度关注。我国是世界上最大的发展中国家，人口众多，区域发展不平衡，与发达国家相比，我国的能源贫困问题更复杂、更有挑战性和多样性。

在京津冀及周边地区，作为大气污染防治及能源改革重点区域，用能水平、用能结构及用能能力则体现了其能源贫困状况。解决能源贫困问题，主要可从以下几个方面入手：①推进阶梯能源价格，调节城乡价格差异。适当对"能源贫困"地区的能源价格进行补贴或倾斜，实施差异化能源价格政策。②统筹区域间能源供给关系，保障能源供给充足。在大范围应用可再生能源技术的同时，统筹省、市间能源发展关系，统筹新能源技术和传统能源技术之间的关系。根据地区实际，对经济条件较好或自然条件优越的地区，推广太阳能、生物质能和地热能等清洁能源。做到预先规划，比如先建设电网等基础设施，再进行能源开发。③加快新型城镇化建设，借助城镇化契机改善能源贫困状况。通过改善能源消费结构，提高居民收入，优化产业结构，缩小城乡差距，尤其加大对农村地区的能源基础建设投入，大力推广应用屋顶光伏、小风电、沼气综合利用等小型能源设施。④防止以生态利益换取短期经济利益。京津冀及周边地区的生态环境脆弱地带，应当杜绝拿生态利益换取经济利益的行为，最大程度地发挥消除能源贫困政策的积极作用。

3.1.1.3　洁净煤与节能环保炉具

（1）概述

洁净煤技术（clean coal technology，CCT）是指煤炭从开发到利用全过程中，旨在减少污染排放与提高利用效率的加工、燃烧、转化及污染控制等高新技术的总称。洁净煤技术按其生产和利用的过程可分为三类：第一类是在燃烧前的煤炭加工和转化技术。包括煤炭的洗选和加工转化技术，如煤的物理与化学净化，配煤、型煤和水煤浆技术，煤炭的转化包括煤炭液化、煤炭气化、煤制天然气技术。第二类是煤炭燃烧技术。主要是洁净煤发电技术，目前主要包括超超临界发电、整体煤气化联合循环发电、超临界循环流化床发电、多联产技术、低NO_x燃烧技术、循环流化床燃烧技术、增压流化床燃烧、超超临界机组与燃料电池结合的联合循环系统。第三类是燃烧后的烟气净化技术。主要包括烟气脱硫、烟气脱硝、颗粒物控制和以汞为主的痕量重金属控制技术等。同时以CO_2的分离、回收和填埋为核心的污染物近零排放燃煤技术也已成为洁净煤技术的主要方向。洁净煤技术体系见图3-2。

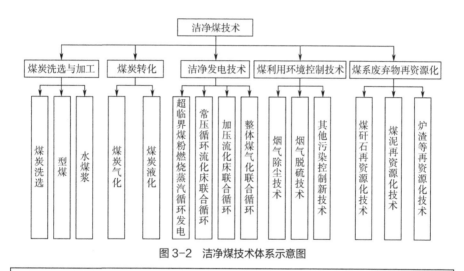

图3-2 洁净煤技术体系示意图

> **专栏：洁净煤与节能环保炉具在我国的发展**
>
> 洁净煤与节能环保炉具作为民用散煤治理的过渡性和兜底性方案，其发展主要受政策影响较大。清洁能源替代是大势所趋，此外，地方政府在过去几年政策不稳定以及"一刀切"的做法，对洁净煤和节能环保炉具行业的影响仍在持续。
>
> 北方清洁取暖工作开展以来，京津冀区域市场以煤改电、煤改气为主，炉具推广主要集中在山东、河南以及西北、东北地区。2018年，在政策上强调因地制宜，宜电则电、宜气则气、宜煤则煤、宜热则热，为保障温暖过冬，原则上可以

选择洁净型煤和节能环保炉具作为过渡性方案。从采暖季的具体实践来看，洁净型煤和适配炉具行业并未走出低谷。

2018年我国原煤入选率达71.8%，入选总量超过26亿吨。我国的选煤技术、选煤工艺、大型装备都达到世界最先进水平，目前的型煤企业具备根据用户提出的煤质要求定制化生产的能力。民用洁净型煤为季节性需求产品，销售旺季为10~12月，迫于资金周转压力以及价格和补贴的不确定性，大多型煤加工企业被迫以销定产。2017年型煤总产量只有845万吨，其中河北和山东是产量最大的两个省份。据业内专家透露，2018年，民用洁净型煤市场形势并未好转。

从节能环保炉具市场来看，2017年、2018年，受诸多因素叠加影响，炉具行业产销量出现断崖式下滑，两年采暖炉累计产量约60万台，新增销售量约130万台，企业基本上以消化库存为主。以行业产销量排名前5的某企业为例，2015年节能环保炉具出货量达12.3万台，库存基本为零；2016年出货量8.4万台，年终库存达3万余台；2017年销量仅1.9万余台，2018年销量1.7万余台，截至2018年底，原有库存基本消化完成。2015—2018年节能环保炉具行业产销量对比见图3-3。

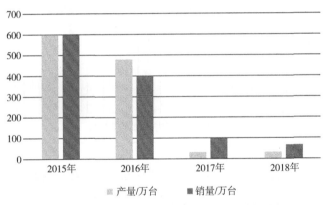

图3-3 2015—2018年节能环保炉具行业产销量对比图

资料来源：农村散煤治理（燃料适配炉具）调研报告，任彦波，2019.07。

从市场价格来看，为缓解库存及资金回笼压力，实力较弱的中小型炉具企业纷纷降价甩货。此外，某些原来推广炉具的区域突然转向煤改气、煤改电，区域内新安装的环保炉具被低价回流到其他区域，使原本相对平衡的市场价格体系受到巨大的冲击，同时造成资源的浪费。

> 从行业内部情况来看，2017年炉具企业和型煤企业超过一半关停或转产，华北地区的炉具市场渠道基本停滞。2018年，炉具行业企业关停形势加剧，行业内部洗牌加快。2016年，我国注册的民用炉具生产企业约8000家，年产各类采暖炉具1300万台。2019年，据初步统计，炉具生产企业数量不到1000家，以北方地区企业锐减量最大。以北方两大炉具生产基地任丘和高碑店为例，河北省任丘市是我国北方地区最大的炉具制造基地，发展最好的时候，注册的炉具生产企业多达1200余家，现在能够维持运营的只剩下30家左右，约98%的炉具企业消失了；河北省高碑店市是"中国炉具之乡"，发展最好的时候，仅规模型炉具制造企业就达90余家，存活的只剩下5家左右，约94%的炉具企业关停或转产了。

（2）洁净煤技术的减排潜力分析

煤炭洗选。每分选1亿吨原煤，可脱除其中大部分的黄铁矿，可减少SO_2排放量100万~500万吨，而其成本仅为烟气脱硫的十分之一。只考虑燃煤成本、脱硫费用和SO_2排污费缴纳等，根据测算，若煤价按洗煤比原煤高35元/吨计算，则发一度电可约减少成本0.0013元。

型煤。与直接燃烧原煤相比，型煤可以减少烟尘50%~80%，减少SO_2排放40%~60%，燃烧效率可提高20%~30%，节煤率达15%，具有节能和环保的双重效益。另外采用配送方式可最大限度减少用户煤炭周转库存，大量节约用户的资金、人员和减少煤炭储存中由各种原因造成的损耗，同时可减少煤库的占地。

配煤。烧动力配煤比烧单种煤的热效率可提高5.1%~10.7%，锅炉出力可提高1.53%~37.46%，节煤5%以上，烟尘排放量降低40%~60%，SO_2排放量降低20%~30%。

水煤浆。由于水煤浆火焰中心温度比烧煤和烧油低，故NO_x生成量较少，可以减少NO_x 50%、烟尘60%。燃用水煤浆对替代燃煤用户而言，经济性则很差。以精煤的价格220元计算，将同样的煤加工成的水煤浆即使按340元计算，水煤浆的质量分数按70%计算，则相当于所用精煤的价格为486元。因此，对于燃煤用户而言，改用水煤浆就不会有积极性。

煤气化联合循环发电技术。联合循环可以提高系统热效率。燃烧高硫煤（硫分为3.5%）的煤气化联合循环发电电站，SO_2排放量比煤粉炉加烟气脱硫装置少70%，比常压流化床燃烧锅炉少50%；NO_x分别减少60%和25%；固体废物分别减少60%和75%。先进的燃气、蒸汽联合循环发电系统可将燃煤发电效率由目前的40%提高到52%以上，排放的SO_2可低于$10mg/m^3$。

流化床技术。流化床有泡床（BFBC）和循环床（CFBC）两类。与采用煤粉炉和烟道气净化装置的电站相比，SO_2和NOx可减少50%以上，无需烟气脱硫装置。当Ca/S为2时，泡床脱硫率为80%，循环床脱硫率为90%；NOx排放浓度小于$200\ mg/m^3$。

采用洁净煤技术与燃烧原煤相比污染物减排潜力见表3-1。

表3-1　采用洁净煤技术与燃烧原煤相比污染物减排潜力

技术名称	污染物减排潜力/%		
	烟尘	SO_2	NOx
煤炭洗选	50%～80%	60%～70%	—
型煤	50%～80%	40%～75%	25%～40%
配煤	40%～60%	20%～30%	—
水煤浆	60%	30%	50%
煤气化联合循环发电技术	>90%	50%～70%	25%～60%
流化床技术	>80%	>50%	>50%

3.1.2
发展可再生能源

可再生能源包括水能、风能、太阳能、地热能、生物质能、海洋能等。其最大的特点是可以提供可持续性的能量，且相比化石能源，其利用过程产生的污染较小。但风能及太阳能在利用过程中具有时效性，不能保证稳定的供应，需要其他能源进行辅助调节。

可再生能源主要利用技术形式及应用区域见表3-2。

表3-2　可再生能源主要利用技术形式及应用区域

品种	利用方式		主要应用区域
太阳能	光热利用	分散式太阳能热水系统	农村
		集中式太阳能热水系统	城市

续表

品种	利用方式		主要应用区域
太阳能	光热利用	太阳能采暖	农村
		太阳能热发电	（实验阶段）
	光伏利用	太阳能灯	农村
		分布式光伏发电系统	城区
		并网光伏电站	农村
生物质能	气化能源技术	户用沼气	农村
		大中型沼气集中供气	农村
		秸秆气化集中供气	农村
	生物质发电	垃圾填埋气发电	垃圾处理厂
		垃圾焚烧发电	垃圾处理厂
		畜禽粪便沼气发电	农村
	生物质燃料	固体成型燃料	农村
地热能	浅层地温能供热制冷		城市
	中低温地热水地热供热		部分地区
风能	风力发电		具备资源条件的乡镇

3.1.2.1 水能

水能最直接的利用方式就是水力发电。水力发电的优点是成本低、可连续再生、无污染。缺点是分布受水文、气候、地貌等自然条件的限制大，容易被地形、气候等多方面的因素所影响。华北地区的水能资源在理论蕴藏量、技术可开发量、经济可开发量方面均在5%左右及以下。从资源禀赋上来看，京津冀地区发展水电的先天优势不足。但河北、山西和临近内蒙古的部分地区，可与山西和内蒙古等大型能源基地、大型新能源基地配合，发展抽水蓄能电站，建设一批距离负荷中心近、促进新能源消纳、受电端电源支撑的抽水蓄能电站。

3.1.2.2 风能

风能的利用主要是以风能作动力和风力发电两种形式,其中又以风力发电为主。风能转换成电能之后,可以再被工业利用或用于取暖。但大型风电噪声很大,需要建在较为空旷的地区,且受到地理位置及地质条件的限制;风能的转换效率也较低。我国风能资源丰富地区主要分布在东北、华北、西北地区,"三北"地区风能资源量占全国90%以上。海上风电资源主要分布在东南沿海,以及黄海、渤海等近海海域。一般风电场应尽可能选择在风能资源丰富、风向比较稳定、风能日变化和年变化较小、气候灾害较少的地区。除北京、天津外,河北、河南、山西、山东四省的陆上风能资源都较为丰富。另外,河北、山东的沿海城市及天津市可以发展海上风电。风能在利用过程中最大的问题在于发电量不稳定。由于风速风向是随时变化的,风力发电的电量也随之变化,要保证用户用电的可靠性和稳定性,就需要火电进行调峰,甚至出现"弃风"。

3.1.2.3 太阳能

太阳能的利用方式较为多样,常见的利用方式包括光伏发电、太阳能聚热系统、被动式太阳房、太阳能热水系统、太阳能取暖和制冷等。但目前的利用方式的能源转换效率较低。我国太阳能资源分布广泛,京津冀及周边地区的太阳能辐射量处于中等水平到较为丰富的区间。其中:河北西北部、山西北部等地处于二类地区,即太阳能资源较丰富地区,年太阳能辐射总量5850~6680MJ/m^2。山东、河南、河北东南部、山西南部等地处于三类地区,即太阳能资源中等类型地区,年太阳能辐射总量为5000~5850MJ/m^2。但需注意的是,太阳能在一天各时段中的辐射量不同,且受到天气、地形等条件的限制,发电量也不稳定,需配合其他能源使用。

从太阳能利用方式来看,光伏发电占地面积较大,且具有一定的光反射,需要安装在较为空旷的地区;小型分布式光伏可安装在居民院内或屋顶,限制条件较少;太阳能热水器的应用较为广泛,适用于大部分地区的居民使用。具备光伏建设条件,且屋顶面积达一定规模以上的新建公共建筑、工业厂房,可安装分布式光伏发电系统。具备建设条件且有生活热水需求的新建建筑,可利用屋顶安装太阳能热水系统。

在资源丰富地区，太阳能适合与其他能源结合，实现热水、供暖复合系统的应用。在条件适宜的中小城镇、民用及公共建筑上可以推广太阳能供暖系统。在农业大棚、养殖场等用热需求大且与太阳能特性匹配的行业，可以充分利用太阳能供热。太阳能资源丰富或较丰富且经济条件允许的地区宜采用太阳能热水供暖技术和主被动结合的供暖技术。经济欠发达地区应优先采用建筑本体节能技术和被动式太阳能利用技术。

太阳能供暖：适合与其他能源结合，实现热水、供暖复合系统的应用，是热网无法覆盖时的有效分散供暖方式。特别适用于办公楼、教学楼等只在白天使用的建筑。

太阳能热水：适合小城镇、城乡结合部和广大的农村地区。太阳能集中热水系统也可应用在中大型城市的学校、浴室、体育馆等公共设施和大型居住建筑。

专栏：北京亦庄经济开发区独栋商建分布式光伏项目

项目用户兴象科技有限公司位于北京市亦庄经济开发区经海三路，分布式光伏发电系统即安装在用户总高为4层的独栋商业办公楼房顶上。该独栋商业建筑每天总耗电需求量为（包括照明、采暖、电梯等）300~500kW·h。慧能阳光是该光伏发电项目的承包商，负责项目设计和施工。项目于2016年7月开始施工，2016年9月完成，同年10月完成并网。项目主要采用常规固定安装方式，光板组件为120块多晶硅板，工作电压为三相AC380V/50Hz，阵列容量为31.2kW，逆变器额定功率为31.2kW，总占地面积为199m^2。该项目设计日均发电量为110kW·h。由于受机组调试、雨雪和雾霾等天气条件以及日照强度等影响，在2016—2017年供暖季期间，项目日均发电量为69.82kW·h。2017年3月13日的发电量最大，为153.08kW·h，2016年10月18日的发电量最小，为1.33kW·h。光伏组件全年可持续运行。在供暖季，项目用户每天的电力需求高达300~500kW·h，因此，系统所发电量并不够支持电采暖设备，依然需要电网支持。本案例近200m^2的屋顶光伏发电系统日均发电量约70kW·h，可满足供暖面积为120m^2的空气源热泵用户的供暖需求。

按每户年供暖季平均用煤5t计算，减排量及成本见表3-3、表3-4。

表 3-3 减排量计量

燃煤替代量 /（t/a）	烟尘减排量 /（kg/a）	NO_x减排量 /（kg/a）	SO_2减排量 /（kg/a）	VOCs减排量 /（kg/a）
5	75	8	44.4	20

表 3-4 减排成本计算

指标名称		费用
空气源热泵	设备折旧	5300元/年
光伏投入	光伏设备折旧	16000元/年
吨煤替代成本	燃煤替代每户年投入	21300元
	吨煤减排成本	3200元/吨
污染物减排年成本	大气污染物单位当量减排成本	144.6元/当量

3.1.2.4 地热能

地热的常见利用方式包括地热发电、中低温地热水直接利用、地源热泵、干热岩利用等。其中，中低温地热水直接利用、地源热泵是最为普遍的利用方式。从地热能分布来看，京津冀及周边地区除山西省外，其余几省市都有较为丰富的地热资源，但具体分布不均匀。水资源也是发展地热的一大限制条件，尤其是水热型地热供暖方式，需要抽取地下水进行循环，一方面会造成水资源的损失，另一方面也会对水资源造成一定的污染，所以水资源紧张及水环境保护要求严格的地区不适宜开发地热能。目前，浅层和水热型地热能供暖（制冷）技术已基本成熟。浅层地热能应用主要使用热泵技术，可应用范围包括北京、天津、河北、河南、山东等地区。中石化在河北雄县建成供暖能力450万平方米的地热供暖"雄县模式"，可进行借鉴和参考。

3.1.2.5 生物质能

生物质常见利用方式包括生物液体燃料、生物质燃气、生物质成型燃料、生物质发电等。生物质能资源广泛，主要有农作物秸秆及农产品加工剩余物、林木采伐及森林抚育剩余物、木材加工剩余物、畜禽养殖剩余物、城市生活垃圾等。

其中，农作物秸秆及农产品加工剩余物主要分布在华北平原、长江中下游平原等粮食主产省（区），河北、河南、山东、山西四省的生物质能都很丰富，北京和天津的资源量较小。山东、北京等地区的垃圾清运量较大，具有较大的垃圾发电资源潜力。生物质能转化技术及其主要产品见表3-5。

表3-5　生物质能转化技术及其主要产品

原料	技术类型	能源产品	用途
农作物秸秆	直燃发电、供热	电力/热力	供电/供热
林业采伐抚育剩余物	气化发电、供热	电力/热力	供电/供热
农产品加工剩余物	固体成型燃料	固体成型燃料	发电/供热/炊事
木材加工剩余物	水解	燃料乙醇	交通运输
畜禽粪便	沼气	沼气/电力	炊事/供电/运输
生活垃圾	直燃发电、供热	电力/热力	供电/供热
工业垃圾	沼气	沼气	发电/供热/炊事
油料/木质纤维	化学法	生物柴油	交通运输

对于天然气管网及热力管网难以到达的乡镇或山区，分散的农村用户更适宜发展生物质能。从农村秸秆综合利用的角度来看，可发展生物质成型燃料及生物质发电（供热），但生物质燃烧装置末端需配套相应的除尘设施。根据我国农村沼气发展"十三五"规划，河北、河南、山东为鼓励发展沼气的一类地区，山西为二类地区。这四个省都可以在农村推广沼气池，并与农业及畜牧业协同发展。另外，生物质可进行气化，制成生物天然气，再用于供热。生物天然气的利用效率更高，利用方式也更为灵活。

生物质能清洁供暖布局灵活，适应性强，适宜就近收集原料、就地加工转换、就近消费、分布式开发利用，可用于北方生物质资源丰富地区的县城及农村取暖，在用户侧直接替代煤炭。大型养殖场及周边地区可利用畜禽粪便和生物质建设规模化沼气集中供气采暖系统。生物质资源丰富和生物质成型燃料技术成熟的地区，可利用生物质成型燃料进行集中供暖。生物质锅炉有其特殊的适用性，受使用地区生物质成型燃料供应、环境和能源政策等影响，在建设改造时应综合考虑。生物质发电尽可能实行热电联产集中供暖，不具备建设生物质热电厂条件的地区，可推广生物质锅炉供暖或生物质成型燃料。

生物质能区域供暖：采用生物质热电联产和大型生物质集中供热锅炉，为500万平方米以下的县城、大型工商业和公共设施等供暖。其中，生物质热电联产适合为县级区域供暖，大型生物质集中供热锅炉适合为产业园区提供供热供暖一体化服务。直燃型生物质集中供暖锅炉应使用生物质成型燃料，配置高效除尘设施。

生物质能分散式供暖：采用中小型生物质锅炉等，为居民社区、楼宇、学校等供暖。采用生物天然气及生物质气化技术建设村级生物燃气供应站及小型管网，为农村提供取暖燃气。

生物沼气：以畜禽养殖废弃物、秸秆等为原料发酵制取沼气，以及提纯形成生物天然气，可以用于清洁取暖和居民生活。符合入网标准的生物天然气可并入城镇燃气管网。大中型沼气工程可以为周边居民供气。

专栏：河北省石家庄市某镇政府煤改生物质供暖项目

该项目于2015年开始在原燃煤锅炉房原址进行改造建设，工程建设初投资成本为40万元，占地约120m²。2015年采暖期即投入运行，主要供暖对象包括该镇政府大院及周边一所学校校舍及两家工业企业厂房。实际供热面积约1.45万平方米。该项目原燃煤锅炉为1台4蒸吨/时燃煤热水锅炉，锅炉热效率为75%，配备一套水膜脱硫除尘一体机。原采暖季燃煤消耗量为400吨/年，年采暖燃煤支出约12万元。改造后所用生物质成型燃料锅炉出力为4蒸吨/时，所用生物质成型燃料以锯末为主要成分，锅炉热效率为75%～80%，系统配备一套布袋除尘器除尘，除尘效率98%以上，需每两年更换一次布袋，维护费用约2万元/年。经统计，每年采暖季生物质燃料消耗量为450吨，按照生物质成型燃料850元/吨价格（含运费）计算，年采暖季供暖燃料成本为38.25万元，较原燃煤采暖燃料费用增加218.75%。改造后锅炉房配2名工作人员负责运行管理。

用煤量为每年400吨，生物质锅炉替代后，每年采暖季生物质燃料消耗量为450吨，替代燃煤后相应的污染物减排量及成本计算如表3-6、表3-7所示。

表3-6 减排量计算

燃煤替代量/(t/a)	烟尘减排量/(kg/a)	NO$_x$减排量/(kg/a)	SO$_2$减排量/(kg/a)
400	1.07	0.08	2.83

目前实际供暖面积为1.45万平方米,一个供暖季燃料成本38.25万元。

表3-7 减排成本计算

指标名称		费用
初投资成本/万元	基础建设	40
	设备购置	
运行维护成本/(万元/年)	电费	13.5
	维修维护费	—
人力成本/(万元/年)		10.18
污染物减排年成本/[元/(污染当量数·年)]		154.75
吨煤年替代成本/[元/(吨煤·年)]		1310.86
单位面积供暖成本/[元/(m²·年)]	全成本	36.16
	运行成本	34.78

该项目得到了河北省石家庄市政府燃煤改造补贴共20万元。与此同时,当地政府为鼓励燃煤清洁能源改造,为项目提供了运行期燃料补贴,按每吨生物质成型燃料补贴300元的标准,项目每年可另外获得13.5万元资金补贴。由此分析政府补贴后,项目实际吨煤年替代成本和实际污染物减排年成本均下降了27.6%。

3.1.2.6 可再生能源电力配额

可再生能源发电最大的难题是消纳问题,为推动能源生产和消费革命,提高可再生能源电力消纳,促进能源结构调整,国家能源局下发《可再生能源电力配额及考核办法(征求意见稿)》,根据国家可再生能源发展目标和能源发展规划,对各省级行政区域全社会用电量规定最低的可再生能源电力消费比重指标。"2+26"各城市可在发展可再生能源发电和促进清洁电力消纳相关规划中参考表3-8中配额指标。

表3-8 京津冀及周边省市可再生能源电力总量配额及非水电可再生能源电力配额指标

省市	可再生能源电力总量配额		非水电可再生能源电力配额	
	2018年配额指标/%	2020年预期指标/%	2018年配额指标/%	2020年预期指标/%
北京	11	13.5	10.5	13
天津	11	13.5	10.5	13

续表

省市	可再生能源电力总量配额		非水电可再生能源电力配额	
	2018年配额指标/%	2020年预期指标/%	2018年配额指标/%	2020年预期指标/%
河北	11	13.5	10.5	13
山西	14	16	13	15
山东	8.5	11	8	10.5
河南	14	18.5	8	13.5

3.1.3 城市能源系统优化

3.1.3.1 分布式能源

分布式能源是指在用户所在场地或附近建设安装、运行方式以用户端自发自用为主、多余电量上网，且以在配电网系统平衡调节为特征的发电设施或有电力输出的能量综合梯级利用多联供设施。分布式能源最大的特点就是接近用户端，无论是负荷、生产还是消费方式，都和原来的集中式不一样，配置能源的效率和方式更直接、更高效。分布式能源按供能方式有直接供电、热电联产、热电冷三联供；按热机类型有燃气轮机、内燃机、汽轮机等；按系统规模分类，有楼宇型、区域型、产业型和城市型等。

分布式能源具有能效利用合理、损耗小、污染少、运行灵活，系统经济性好等特点。目前也存在并网、供电质量、容量储备、燃料供应等问题。具有代表性的分布式能源主要有：①将冷/热电系统以小规模、小容量、模块化、分散式的方式直接安装在用户端，可独立地输出冷、热、电能的系统。能源包括太阳能、风能、燃料电池和燃气冷、热、电三联供等多种形式。②安装在用户端的能源系统，一次能源以气体燃料为主，可再生能源为辅。二次能源以分布在用户端的冷、热、电联产为主，其他能源供应系统为辅，将电力、热力、制冷与蓄能技术结合，以直接满足用户多种需求，实现能源梯级利用，并通过公用能源供应系统提供支持和补充，实现资源利用最大化。最为常见的形式为天然气分布式能源，即利用天然气为燃料，通过冷热电三联供等方式实现能源的梯级利用。

3.1.3.2 多能互补

多能互补是一种能源政策。按照不同资源条件和用能对象，采取多种能源互相补充，以缓解能源供需矛盾，合理保护自然资源，促进生态环境良性循环。分布式多能互补：面向终端用户热、电、冷、气等多种用能需求，因地制宜、统筹开发、互补利用传统能源和新能源，优化布局建设一体化集成供能基础设施，通过天然气热电冷三联供、分布式可再生能源和能源智能微网等方式，实现多能协同供应和能源综合梯级利用。集中式多能互补：利用大型综合能源基地风能、太阳能、水能、煤炭、天然气等资源组合优势，发展风光水火储多能互补系统建设运行。

"多能联动、多热复合、多源合一"是近年来较受推崇的能源利用形式。它可以有效利用各种能源的长处，优势互补，实现能源利用效率的最大化，从而达到事半功倍的效果。在我国农村地区可鼓励使用多种设备相融合的低温空气源、地源热泵、太阳能加辅助能源等系统进行供电和取暖。

国家能源局鼓励多能互补项目的应用和发展，2016年安排了首批多能互补集成优化示范工程，共23个项目，其中，终端一体化集成供能系统17个、风光水火储多能互补系统6个。从新能源指标、上网电价、并网的便利性等方面给予一定的政策扶持。这批示范工程项目不仅包括风光水火储多能互补系统，也包含终端一体化集成供能系统，可以为目标城市的多能互补整体解决方案进行参考。

3.1.3.3 能源合理布局

根据国家发展战略，结合全国主体功能区规划和大气污染防治要求，充分考虑产业转移与升级、资源环境约束和能源流转成本，全面系统优化能源开发布局。结合京津冀及周边地区资源禀赋、地理位置及地形条件等特征，可采取科学选址、城乡有别、优化煤炭消费分配、划定高污染燃料禁燃区等能源布局措施。

（1）科学选址

充分考虑京津冀协同发展战略的约束，在满足国土空间开发利用战略格局及主体功能区发展定位的前提下，依据"点轴理论"，通过点与点之间跳跃式配置资源要素，进而通过轴带的功能，缓解区域能源布局的不均衡性，优化能源发展空间布局，提高能源资源配置效率。以环境容量为基础，严格落实"三线一单"管理要求，坚持"点上开发、面上保护"原则，优化布局能源基地及能源通道建设，尽量减少大规模长距离输送加工转化、尽可能依托现有城市作为后勤保障和资源加工基地，避免形成新的资源型城市或孤立的居民点。

以建设现代能源体系为目标，参考北京市"多源、多向、多点"设施布局策略，按照"保总量、保高峰、保储备"的原则完善管网建设。结合国家能源"十三五"规划中"五基两带"构想，根据自身能源资源和消费等因素分布现状与趋势，以能源工业布局应靠近原燃料地和消费地的原则，结合环境资源承载力，实现能源优化布局。比如能源工业布局在下风向，如有两种盛行风，比如季风区，风向有两种，且方向相反，则布局在两种盛行风垂直方向的郊外；加强垃圾发电选址约束条件分析及环境影响评价，严防布局对生态环境造成不利影响。

（2）城乡有别

结合"十三五"时期城乡基本公共服务均等化发展要求，以实现京津冀一体化发展背景下的城乡发展一体化和新型城镇化的总体要求为前提，有效应对城乡差异，统筹规划，合理布局，突出重点，有序开发，分期推进，实现城乡能源的互联互通。遵循城乡有别的原则，有序布局能源基础设施，坚持集中与分散供能相结合，因地制宜建设城乡供能设施，推进城乡用能方式转变，提高城乡用能水平和效率。结合京津冀及周边地区城乡能源发展特征，按照先城区、再农村，先平原、再山区的步骤，分阶段解决城乡能源设施的布局问题，逐步推进实现能源合理布局。

针对城乡差别化措施包括：①加快城区清洁能源替代，科学发展热电联产，鼓励有条件的地区发展热电冷联供，发展风能、太阳能、生物质能、地热能供暖。②推动农村基础设施提档升级，加快新一轮农村电网改造升级，制定农村通动力电规划，加强天然气管网建设，提高农村能源供给能力；推进绿色能源县、乡、村建设，加快农村用能方式变革，推进农村可再生能源开发利用，结合农户需求，逐步形成不同类型、不同特点的农村能源建设新格局，最大限度发挥各地能源资源优势；进一步推进北方地区农村散煤替代，有条件的地方有序推进"煤改电""煤改气"和新能源利用。③推进平原地区清洁能源发展，加快煤改电、煤改气等管网管道建设；结合区域资源禀赋条件，通过天然气替代、空气源热泵替代、生物质能源替代等多种方式改造山区能源系统，促进城乡能源协同发展。

（3）优化煤炭消费分配

以城市燃煤控制目标为基础，在保障全市能源供应安全前提下，科学制定全市煤炭消费总量控制目标和具体举措，合理确定各区县控制目标，建立健全目标管理责任制和评价考核体系，层层分解、落实责任、严格考核。各区县可将控制目标和任务分解至各乡镇（街道）、重点行业和重点企业，明确煤炭控制主体，强化煤炭控制措施。

根据地区煤炭消费总量地区分布现状、环境容量和大气污染状况，在保障用电行业煤炭消费项目的前提下，对非电行业新增煤炭消费项目实行地区差别政策。一般来说，非电行业新增煤炭消费项目实行地区差别政策，空气优良天数达标实行等量替代，空气优良天数未达标实行减量替代。

（4）划定高污染燃料禁燃区

科学划定高污染燃料禁燃区，逐步扩大城市高污染燃料禁燃区范围，逐步由城市建成区扩展到近郊市区。基于各区域用能结构特点及大气污染来源，着重强化煤炭禁燃区划定及管理。结合城市煤炭控制目标及散煤治理行动，创新煤炭管控机制，对重点区域采取划定禁煤区措施，建设无煤化片区，以优先突破个别单元为重要着力点，通过行政命令控制的方式，助力实现城市的总体煤炭控制目标。划定禁煤区需依托详细的禁煤计划，并采取相关配套保障措施，比如保定、廊坊、淄博等城市在区域划分、项目准入、补贴政策等方面均做了一定说明，根据禁煤行动特点，主要可采取的方式及配套做法可包括：①根据区域能源消费现状及大气环境质量达标情况，结合经济发展需求及环保要求，由城市向郊区逐渐划定禁煤区，按要求禁止新建、扩建、改建燃用煤炭项目，拆除替换已有燃煤设施等，回购煤炭库存。②统筹安排由城乡区域分级负责禁煤区管理，按照职能落实禁煤计划，查处禁煤区违规运输、经营、使用燃煤行为。③基于禁煤区经济发展水平及居民收入等状况，各级政府及相关部门划分职责为禁煤区居民提供取暖、房屋修缮、设施拆改等补贴。

3.2

能源工程

目标城市应根据气候特点、资源禀赋、经济水平、消费习惯等诸多因素，针对目标城市的自身特点、大气环境问题、产业结构、制约空气质量改善的瓶颈等方面，坚持宜煤则煤、宜气则气、宜电则电、宜新则新、多能互补的策略，科学施策，分步实施，稳步推进能源利用工程措施。本节从工业生产和冬季供暖两方面提供相关能源工程措施与手段，主要包括锅炉改造、清洁供暖、电能替代、天然气替代、可再生能源利用，以及热泵技术应用等。

3.2.1

锅炉改造

锅炉是指生产的蒸汽或热水主要用于工业生产或民用的锅炉。它使用面广、需求量大，包括工业用蒸汽锅炉、采暖用热水锅炉、民用生活锅炉、工业企业自备发电锅炉、城市热电联供锅炉、特种用途和余热锅炉等。

3.2.1.1　锅炉能效提升

（1）锅炉更新淘汰

淘汰高耗能锅炉设备。严格按照工信部《高耗能落后机电设备（产品）淘汰目录》淘汰落后锅炉炉型。通过热电联产、集中供热以及清洁能源、可再生能源的利用，拆除现有热效率低、除尘效率低的小锅炉。支持小型燃煤锅炉"煤改气""煤改电"，鼓励浅层地热能、电热蓄能、太阳能和天然气等清洁能源的应用，优化能源消费结构。对不具备集中供热联网条件的大型商场、酒店、医院和写字楼，必须采取电、天然气等清洁能源取代燃煤供能。

淘汰小型燃煤锅炉。锅炉的热效率和污染物的生成量与锅炉容量密切相关。小型燃煤锅炉运行效率低，污染物排放大，是影响工业锅炉能效和环保特性的主要炉型之一；锅炉容量越小，其热效率越低，生成的烟尘量也越多；同时，锅炉的自动化、机械化、仪表化也差，煤炭燃烧不完全，锅炉工作也不稳定。

逐步淘汰老旧能耗高的燃煤锅炉。工业锅炉使用寿命一般在10～15年，老旧锅炉的设计热效率本来就低，多数会达不到现有标准的要求。对达到使用寿命的老旧锅炉，10t/h以下的首先淘汰，10t/h以上的能效测试结果不符合标准的进行淘汰或改造。

更新高效锅炉。高效锅炉包括高效煤粉锅炉、循环流化床锅炉、水煤浆锅炉等。煤粉工业锅炉系统的发展主要集中在单台容量75t/h（集中供热）以下、高参数（热电联产）和超低排放等方面。未来单台容量20～40t/h的煤粉工业锅炉系统将成为市场热点，工业煤粉锅炉的最佳容量范围应是10～65t/h，工业煤粉锅炉适宜于优质煤。65t/h及以上适宜采用循环流化床锅炉。硫化床锅炉适于劣质煤的燃烧。更大容量的锅炉建议采用电站锅炉使用的成熟的煤粉锅炉燃烧方式。当前，水煤浆锅炉主要分布在对排放要求较高且经济基础较好的地区，在当前油价上涨、环保要求高的情况下，水煤浆锅炉是一种既符合环保要求又经济的产品。

（2）锅炉节能改造技术

强化燃烧。强化燃烧措施可使燃料充分燃烧，降低固体不完全燃烧热损失和气体不完全燃烧热损失，提高锅炉效率。目前强化燃烧的方法有很多种，包括：采用预热空气；合理布置二次风；富氧燃烧技术；烟气再循环技术；半沸腾燃烧技术等。

余热回收。所谓余热，通常是指电厂和各种工业生产过程中释放出来的可被利用的热能。按照来源不同，余热可分为电厂余热、烟气余热、冷却介质余热、化学反应热、高温产品和炉渣余热以及废气、废水和废料余热等。过高的排烟温度造成排烟热损失大量增加，严重影响了锅炉的运行效率。在尾部增加受热面，进行余热回收，则可以大幅提高锅炉的运行效率。供暖区域内，存在生产连续稳定并排放余热的工业企业，回收余热，满足一定区域内的取暖需求。余热供暖企业应合理确定供暖规模，不影响用户取暖安全和污染治理、错峰生产、重污染应对等环保措施。目前锅炉余热回收的方法主要有：①对燃煤锅炉增设省煤器或空气预热器，提高锅炉给水温度或入炉空气温度；②对燃油锅炉增设节油器或给水加热器；③对燃气锅炉增设冷凝式或半凝式换热器；④冷凝水闭式回收；⑤自动排污热能回收装置。

3.2.1.2 锅炉燃料替代

锅炉燃料替代涵盖两个方面：即通过洁净煤技术实现工业锅炉清洁用煤和燃煤锅炉的油气电化改造。比如提高燃天然气、煤层气、页岩气、管道煤气、液化石油气锅炉和燃油锅炉的比重，特别对分散式小型锅炉，建议采用燃油气锅炉和电加热锅炉。

(1) 工业锅炉清洁用煤

改善燃煤工业锅炉用煤管理,实现工业锅炉清洁用煤,发展煤炭洗选加工,分类供应,对煤炭的热值、挥发分、灰分、硫含量等指标进行科学分选,对适于不同炉型的煤炭粒度进行分类供应;利用型煤及洁净煤技术,实现工业锅炉清洁用煤,如洗选后的洁净煤、工业固硫型煤、水煤浆、煤气等。

(2) 燃煤锅炉燃料改造

燃气锅炉。燃气锅炉启停速度快,启停炉过程耗能少,运行自动化程度高,锅炉排放烟尘少,是替代燃煤锅炉的有效措施。随着人工费的提高以及冷凝式燃气锅炉产品的开发推广应用,燃气锅炉的效率提高,自动化程度高的燃气锅炉节能节钱效果凸显。但由于燃气价格较高,开户费等配套设施的初期建设投入较大,用户投入产出与煤炭相比有较大价格差别,燃气锅炉的推广使用存在一定的难度,政府应加大支持力度。

电加热锅炉。在热力管网覆盖不到的区域,科学发展集中电锅炉供暖。电加热锅炉启停速度快,启停炉过程耗能少,运行自动化程度高,锅炉无烟尘。利用好峰谷电价,电加热锅炉的优势会更加明显。今后将出现智能化的电热管式、电极式、电感式产品等多极化市场格局。学校、医院、宾馆、商场、写字楼及工厂用小容量的锅炉等适合发展电锅炉,但只有在电力过剩的地区,方可采用。

可再生能源锅炉。通过利用太阳能热力技术,并结合对常规燃煤、燃油、燃气、电、沼气和其他传统能源以及新能源锅炉进行节能减排改造来达到节能降耗减排目的。生物质成型燃料锅炉发电、供热这个模式已经成为我国目前落实国务院大气污染防治行动计划、发展分布式可再生能源、替代燃煤锅炉等污染比较严重的供热方式的重要模式之一。生物质供热是具有较强竞争力的工业清洁供热方式,能显著提高能源利用效率,与天然气、轻油供热相比具有明显的成本优势,宜成为工业清洁能源供热方式的优先选择。

余热锅炉。利用各种废气、废料、废液中的显热或可燃物质作为热源,从而达到节能提效的目的。余热利用领域的发展主要有三个方向:余热利用领域逐渐扩大,新的余热锅炉产品不断出现;余热锅炉向高温、高压和高余热回收利用率方向发展;余热利用向中、低温方向发展。

(3) 中小供热锅炉替代

区域锅炉房的大型供热锅炉的热效率可达80%~90%,热电联产综合热效率可达85%。应优先利用现有热电厂供热能力，扩建、改建现有热电厂、规划新建热电厂发展热电联产。

3.2.1.3 低氮排放改造

低氮排放改造技术主要包括低氮燃烧技术和烟气脱硝技术。

（1）低氮燃烧技术

主要包括全预混表面燃烧、分级燃烧和烟气再循环等。全预混表面燃烧技术适用于10t/h（含）以下燃气工业锅炉。采用燃料分级燃烧、空气分级燃烧、烟气内循环、部分预混合燃尽风等多种技术适用于10t/h（含）以上燃气工业锅炉。

（2）烟气脱硝技术

主要包括选择性非催化还原法（SNCR）和选择性催化还原法（SCR）等，适用于燃气锅炉烟气脱硝，要求SCR反应器布置在烟气温度280~450℃区间，选用特制催化剂可布置在220~450℃。

3.2.2 清洁供热

清洁供热主要途径包括：使用清洁煤、天然气、生物质等清洁燃料，实现传统燃煤的替代；通过拆除企业自建小锅炉、减少居民散煤取暖等，实施园区、区域热电联产实现集中供热，从而减少燃煤锅炉的排放。

3.2.2.1 集中供热

集中供热是相对于分散小联片锅炉房供热而言的，分为锅炉房集中供热系统（区域集中供热系统）和热电联产集中供热系统，热源主要有清洁燃煤等。清洁燃煤集中供热在多数北方城市城区、县城和城乡结合部应作为基础性热源使用，并根据当地的具体条件慎重选择集中供热的方式。热电联产集中供热方式中，大型抽凝式热电联产机组适合作为大中型城市集中供热基础热源，同时做好热电机组灵活性改造工作，提升电网调峰能力；背压式热电联产机组适合作为城镇集中供热基础热源。大型燃煤锅炉（房）集中供热方式适合作为集中供热的调峰热源，与热电联产机组联合运行，同时在大热网覆盖不到、供热面积有限的区域（如小型县城、中心镇、工矿区等），大型燃煤锅炉（房）也可作为基础热源。

3.2.2.2 工业余热回收利用

工业余热回收利用是工矿企业节能减排一大措施，节能空间大，有效地利用余热可为企业创造更大效益。工业余热回收利用有多种方式，并对余热进行分品位、阶梯式利用，可使节能最大化。其中北方地区工业余热回收供暖是典型的案例。

工业余热回收在废热多的企业已进行了利用，余热回收可有效帮助企业节能减排，创造更大的效益。大部分企业的余热回收只是回收了高品位的废热，用于供暖，加热水和工艺补热等，其余的废热全部通过冷却的形式或直接排放。部分企业由于对余热回收技术不太了解或者是不愿意投资去做余热改造，导致很大一部分低品位热能全部浪费，而其他需热的地方还要通过锅炉来加热。尤其在北方地区，对热量需求很大，工业余热供热是最节能、最环保的一种方式，值得我们去推广。

工业余热回收利用主要用于：①北方地区冬季供暖，不仅减少了碳排放，而且节约了大量的水资源；②供热水，可解决职工洗浴热水，比传统锅炉更节能；③生产补充热，针对工业工艺供热点进行点对点加热；④高温余热热电联产等。

针对余热回收利用，企业所面临的问题：①余热回收再利用需要增加投资成本；②对余热回收技术不太了解，对节能有顾虑；③一些分散的废热源没有引起重视；④企业缺乏对能源平衡利用的综合认识；⑤没有专业人员对企业做能耗分析。

企业应从以下几个方面入手来加强余热利用：①综合分析企业能源利用和消耗现状；②编制工业余热回收利用方案；③对余热进行分品位，阶梯式利用，实现节能最大化；④余热回收方式有多种，利用的方法也多样化，针对用户提出合理利用形式；⑤以合同能源管理的方式开展余热回收利用。

专栏：河北省迁西县工业余热供暖项目

2014年6月，迁西富龙热力有限责任公司通过迁西县城周边的津西、津西特钢两座钢铁厂部分生产流程进行改造，提取并回收钢铁厂生产过程中产生的低品位余热，通过长距离输送，为迁西县城热用户供暖。2015—2016年供暖季，在津西产区新安装使用了两台（1台30MW，1台17MW）工业余热汽水换热器、两台35MW的蒸汽吸收机热泵，低压饱和蒸汽投入使用，实现迁西全部利用工业余热对城区集中供暖，供暖面积360万平方米。

钢铁厂在生产过程中有大量低品位工业余热，由于钢铁厂自身无法利用而被排放，通过提取这部分工业余热，再配合钢铁厂内低压余热蒸汽，可基本解决近期迁西县供热需求。随着县城规模的不断发展，在县城热力站内安装吸收式热泵，降低一次网回水温度，可以拉大供回水温差，降低输配能耗，增加余热回收率，县城原有燃煤锅炉配合调峰，最终可利用工业余热基本解决迁西县城远期供热问题。

按每年供暖季平均用煤74300t计算大气污染物减排量及成本计算见表3-9、表3-10。

表3-9 减排量计算

燃煤替代量 /（t/a）	烟尘减排量 /（kg/a）	NO_x减排量 /（kg/a）	SO_2减排量 /（kg/a）
74300	203450	218300	584350

表3-10 减排成本计算

指标名称		费用
初投资成本/万元	基础建设	48000
	设备购置	
运行维护成本/（万元/年）	电费	120
	维修维护费	0
人力成本/（万元/年）		712.89
采暖期室内温度/℃		18
污染物减排年成本/[元/（污染当量数·年）]		25.93
吨煤年替代成本/[元/（吨煤·年）]		327.66
单位面积供暖成本 /[元/（m²·年）]	全成本	6.1
	运行成本	2.1

3.2.2.3 农村清洁取暖

我国农村地区生活用能主要集中在民用热水、炊事、冬季取暖三个方面，因此农村地区散煤清洁替代可以从以下三个方面进行：针对民用热水的散烧煤，在具备资源条件的地区推进太阳能的利用；针对炊事散烧煤，继续提高液化石油气和电的使用比率；针对冬季采暖期的散烧煤，以推进清洁取暖为主要抓手。

（1）主要清洁取暖方式

目前，农村住宅的取暖方式包括火炕采暖、火墙采暖、土暖气采暖、火炉采暖、电采暖、地板辐射采暖等。农村地区已有的利用可再生能源为热源的供暖方式包括传统火炕、火墙式火炕、燃池、内置集热器柴灶的热水供暖系统、被动式太阳房、太阳能炕以及太阳能地板辐射供暖等。农村地区各种供暖方式的优缺点见表3-11。

表3-11 农村地区供暖方式及其优缺点比较

农村供暖方式	优点	缺点
传统火炕	采用生物质能，使用比例大，操作简便	炕面散热量小，单独利用时室内热环境差
火墙式火炕	采用生物质能，即热性好，供热能力强	炕墙面温度较高，易造成烫伤
燃池	采用生物质能，热量稳定，连续供热	填料及清灰时繁杂，对建筑的承重要求高
内置水集热器柴灶的热水供暖系统	采用生物质能，燃料热效率提高，即热性好	降温速度快，夜间热量低
被动式太阳房	采用太阳能，与建筑一体化	易受气象条件影响，适用于太阳能资源丰富的地区
太阳能炕	采用太阳能，炕面温度均匀，炕面温度未出现高温，卫生清洁	炕面散热量低于传统火炕，单独使用时，室内热环境差，易受气象条件影响
太阳能地板辐射	采用太阳能，热稳定性好，卫生清洁	造价较高，维修难度较大，易受气象条件影响

（2）清洁取暖技术方案比较

农村地区目前应用的主要清洁能源采暖技术为电采暖、热泵采暖、太阳能采暖、燃气采暖、清洁煤采暖五类。根据京津冀及大气污染传输通道（"2+26"城市）农村地区的应用情况以及产品技术的成熟程度，以北京市应用情况为代表，现有主流的、可以用于农村使用的清洁能源技术形式约14种，见表3-12。

表3-12 农村主要清洁取暖技术

序号	采暖方案			
	热源（优先使用）	辅助热源（备用）	末端	
1	低温空气源热泵	—	地板采暖	低温热水末端
2	土壤源热泵	—	地板采暖	
3	太阳能热水采暖	清洁煤锅炉	地板采暖	
4	太阳能热水采暖	燃气壁挂炉	地板采暖	
5	太阳能热水采暖	低温空气源热泵	地板采暖	
6	太阳能热水采暖	土壤源热泵	地板采暖	
7	燃气壁挂炉	—	散热器/地板采暖	高温/低温热水末端
8	清洁煤采暖炉	—	散热器/地板采暖	
9	电热水锅炉	—	散热器/地板采暖	
10	蓄热式电锅炉	—	散热器/地板采暖	
11	碳晶板	—	—	
12	电热膜	—	—	
13	发热电缆	—	—	
14	蓄能电采暖器	—	—	

综合来看，在农村地区实现清洁能源替代，必须是在经济发展水平和资源许可的条件下逐步进行，需要结合新农村建设、异地搬迁、小城镇、中心村建设等，在农村推广小型可再生能源集中供暖设施，根据资源条件，推广地源、空气源热泵供暖、生物质锅炉供暖，支持农村地区应用电供暖，在具备适用条件和配套措施的农村地区，如北京市周边农村地区，适宜优先推广太阳能复合能源采暖系统（辅助热源宜选用低温空气源热泵、土壤源热泵及燃气）、低温空气源热泵、土壤源热泵。针对山区村庄极端气温低、供暖周期长等特点，可以考虑其他模式。例如，平谷区大华山镇建设的炊事取暖清洁能源替代试点项目，采用了移动气罐改造的充换气站。相比以往的压缩天然气CNG，换气站采用了充换效率更高的液化天然气LNG，冬天能保证前北宫、后北宫两个村的炊事用气和冬季供暖用气。

在北京市农村地区，对平原地区村庄要引导住户使用能效比（COP）较高的空气源热泵、地源热泵设备和高能效低排放燃气取暖设备,并鼓励使用太阳能加辅助加热设备,推广使用变频式空气源热泵,鼓励空气源热泵采用环保冷媒,在海拔较高、冬季气温较低的村庄,可有条件地使用"电加热水蓄能式取暖设备",在地质条件适宜地区鼓励使用统一供暖的集中式地源热泵,鼓励开展各种集中式电采暖、电加热与水蓄能配套利用等各种供暖新技术,禁止推广使用"直热式"电取暖设备,限制使用蓄能式电暖器,如住户主动要求使用或其他特殊情况需要选用蓄能式电暖器的,由住户签订书面承诺,不得反悔或要求变更设备选型。

在尚不具备农村地区清洁取暖技术和措施的适用条件、配套政策等尚不到位的地区,不宜大范围推广实施,要因地制宜、多能互补,尤其是对于偏远山区等暂时不能通过清洁供暖替代散烧煤供暖的,重点利用"洁净型煤+环保炉具""生物质成型燃料+专用炉具"等方式替代散烧煤,是在现实条件下治理雾霾经济有效的方法之一,也就是要使用优质煤炭、洁净型煤、生物质成型燃料,搭配节能环保型炉灶,并掌握正确使用方法,充分发挥优质热源与优质炉具的节能环保性能。

3.2.2.4 各类供暖技术经济性比较

各类能源供暖技术经济性比较见表3-13。

表3-13 各类能源供暖技术经济性比较

供热方式	单位投资/(元/m²)	供热成本/(元/m²)	适用条件	优势	问题或障碍
燃煤锅炉	45	25(标煤价660元/t)	几乎不受气候、地质条件限制;可用于分散式及集中供热	成本低;技术成熟;调节性能好;不受季节、地域等的影响	污染物排放大;需运输大量煤炭;属国家逐步淘汰的对象;大量老旧锅炉效率低
燃气锅炉供热	50	30(天然气价3.22元/m³)	几乎不受气候、地质条件限制;可用于分散式及集中供热	与燃煤相比,减少大气污染物排放;减少运煤运渣车带来的交通问题;占地面积小;锅炉热效率高,使用寿命长,设备维修方便	天然气气源、价格不稳定;与燃煤锅炉相比,初投资高,运行费用高

续表

供热方式	单位投资/（元/m²）	供热成本/（元/m²）	适用条件	优势	问题或障碍
生物质热电联产	约1万元/kW发电容量	25	几乎不受气候限制，对地质条件要求不高；必须建设在生物质燃料丰富的地区；适用于区域供热	在电价补贴的基础上，较大装机容量机组的经济性好	部分地区生物质原料收集困难；燃料成本高
生物质锅炉	50	25	几乎不受气候、地质条件限制；生物质直燃锅炉必须建设在生物质燃料丰富的地区；燃用生物质成型燃料生物质锅炉必须有充足的成型燃料市场供应	类似燃煤锅炉，调节性能较好	燃料成本高导致经济性较差；缺乏与自身清洁环保特性相适应的专门的大气污染物排放标准
空气源热泵	125	30（居民电价0.48元/度）	几乎不受地质条件影响；受气温影响较大，温度越低制热系数越低，宜工作-25℃以上，寒冷地区使用需电辅助加热，近年其利用由南向北推进	安装方便、结构紧凑、清洁；适用性广，受地域限制小；可常年供热和制冷	初投资和运行成本较高（主要是电费成本）；户用系统的设备可靠性和易维护性有待提升
土壤源热泵	150	25（居民电价0.48元/度）	安装有场地要求及需钻井许可；一般土壤比较松软的地区，岩石比较多的地区不适合；较适合气候湿润的地区	运行效率高，运行稳定；适合集中式及分散式供热，也能满足夏季制冷	初投资和运行成本较高（主要是电费成本）
中深层地热	180	20（居民电价0.48元/度）	有丰富中深层地热资源；地质开采条件好的地区	技术成熟可靠；采暖效果好，稳定性强；部分地区对改造投资给予补贴	政府部门缺乏协调机制；运行成本较高（主要是电费成本）；开发技术标准不完整，砂岩地区回灌存在一定困难，影响地热资源的长期可持续利用

续表

供热方式	单位投资/（元/m²）	供热成本/（元/m²）	适用条件	优势	问题或障碍
污水源热泵	70	30（工商业电价0.8元/度）25元/m²（居民电价0.48元/度）	附近必须要有固定的水源（城市污水，江河湖海水，工业中水等），且流量稳定；水温：城市原生污水温度在12℃以上，水质：pH值6~8	高效节能，环保效益显著；运行稳定可靠，一机多用，可应用范围广	运行中易出现堵塞、腐蚀、污染等技术问题
太阳能供热	太阳能集热器350元/m²（被动式暖房造价3000~3500元/m²）	10（室内温度10℃）40元/m²（加电辅热，室内温度20℃）	区域年辐射总量需要达到一定要求，如极丰富带≥1750kW·h/(m²·a)；不受地质条件影响	清洁无污染；一般户型较多，分为主动式和被动式	冬夏热量平衡问题；缺乏统一的标准规范，行业门槛相对较低，影响了建设效果
蓄热式电锅炉供热	100	50（居民电价，谷段0.3元/度，平段0.48元/度）	几乎不受气候、地质条件限制；可用于分散式及集中供热，国内已开展项目多用于集中供暖	用电侧清洁无污染，效率>95%，如利用可再生能源电力供电，则全过程无污染；系统简单，操作方便，调节灵活，占地面积小，环境适应性强	电锅炉用电如来自火电，则整体热效率较低，污染较大；利用可再生能源电力供应电锅炉，受到现行电力交易和电价制约，运行成本较高，无法做到电供暖成本与燃煤供暖成本相当；大规模利用风电供暖需扩建配电网，需要大量投资

3.2.3 电能替代

3.2.3.1 概述

电能替代是在终端能源消费环节，使用电能替代散烧煤、燃油的能源消费方式，电能替代主要涉及居民采暖领域、生产制造领域、交通运输领域以及电力供应与消费领域，如电采暖、地能热泵、工业电锅炉（窑炉）、农业电排灌、电动汽车、靠港船舶使用岸电、机场桥载设备、电蓄能调峰等。

3.2.3.2 "煤改电"工程

"煤改电"是指在电网基础设施条件允许的北方地区，以清洁高效的电采暖设备替代散烧煤取暖的工程措施。在有采暖刚性需求的地区，重点对居民采暖领域热力管网覆盖范围以外的学校、商场、办公楼等热负荷不连续的公共建筑实施煤改电工程。条件允许时，在生产制造领域和电力供应与消费领域也可有序推进煤改电工程。

目前"煤改电"工程实施存在的主要问题有：①电网基础薄弱，尤其是农村或城乡结合部的配电容量过小、电网结构不合理、线径过小，变压器过负荷情况较为严重等；②电费问题，煤改电之后用户成本增加较多，如果电费补贴政策不能持续，部分用户用不起电暖器。

可供煤改电工程采用的电采暖技术多样，主流技术成熟度高。各种电采暖技术均有大量的应用案例，除了电蓄热锅炉的高密度蓄热材料等少量关键技术外，大部分电采暖设备制造、施工和运营没有技术壁垒限制。电供暖可供选择的技术方案如下：

① 电暖器。电暖器一般设置在用户房间内，其属于分散式电供暖，主要形式有电热微晶玻璃辐射取暖器、电热石英管取暖器、电热油汀、PTC（positive temperature coefficient，正的温度系数）陶瓷电取暖器、对流式取暖器（暖风机）等普通电暖器和具有蓄热功能的相变蓄热电暖器等。

② 蓄热式电锅炉。按照蓄热方式可分为水蓄热式和固体蓄热式。按照电加热方式可分为电阻式、电极式、电磁式等。电锅炉采暖属于集中式电供暖，其产生的热媒（热水或蒸汽）由集中供热管道输送到每个房间，多用于一幢楼宇或建筑密集的居民、商业小区供热。

③ 电热膜。电热膜是一种通电后能发热的半透明聚酯薄膜，由可导电的特制油墨、金属载流条经印刷、热压在两层绝缘聚酯薄膜间制成的，并配以独立的温控装置，其工作时表面温度为 40~60℃，属于分散式电供暖。电热膜采暖时大部分热量以辐射方式送入房间。

④ 相变电热地板。相变电热地板（全称相变蓄热电热地板），利用定形相变材料把电热膜或电缆所消耗的夜间廉价电转变为热能储存起来，供白天采暖。

3.2.4 燃气替代

3.2.4.1 概述

常用燃气包括天然气、液化石油气、人工煤气、混合气、沼气等。首先应当用天然气替代散煤用户，然后在对煤炭消费量大的行业或区域，根据有关要求，对一定蒸吨级别以下的燃煤锅炉进行替代。由于气候、冬季气温低的原因，沼气替代不宜大规模推广。"集中气"替代"分散煤"是当前相对比较可行的方案（表3-14）。

城市能源安全是我国天然气利用面临的主要问题。目前，地方政府在推进燃气的过程中，对天然气调峰压力大、天然气保供难度大、民用天然气购销价格倒挂等问题估计不足，并且一些农村地区的环境及房屋特点对燃气管道铺设及燃气设施的规范化安装造成较大困难，需要合理有序地实施燃气替代工程。根据国际经验，地下储气库工作气量一般不能低于天然气总消费量10%的红线，而目前我国只有4%左右，储气能力存在巨大缺口，调峰保供面临严峻挑战。

在条件具备的情况下，开展天然气下乡，鼓励多种主体参与，宜管则管、宜罐则罐，采用管道气、压缩天然气（CNG）、液化天然气（LNG）、液化石油气（LPG）储配站等多种形式，提高偏远及农村地区天然气通达能力。结合新农村建设，引导农村居民因地制宜使用天然气。

表3-14 四种"煤改气"方案的分析对比表

煤改气路径	"分散气"替代"分散煤"	"分散气"替代"集中煤"	"集中气"替代"集中煤"	"集中气"替代"分散煤"
经济可行性	设备投资高，供热成本较高，暂不可行	设备投资高，供热成本高	设备投资较高，供热成本较高	经济可行
适用场合	具备稳定可靠的气源、有稳定的冷热负荷需求，不适宜集中供热	理论可行，实际中不具备可操作性	现有热负荷充足，未来有发展空间，气源有保障，原有煤电供热环境效益或经济效益欠佳	气源有保障、热负荷有较大发展潜力，价格承受能力较强、环境容量压力大的工业园区

3.2.4.2 "煤改气"工程

"煤改气"是指使用天然气（包括常规天然气、非常规天然气、煤制气等）在居民生活、工业生产、发电中替代能源利用效率较低、产生较多污染的燃煤。对于冬季北方供暖地区，包括燃气热电联产、天然气分布式能源、燃气锅炉、分户式壁挂炉等。在老旧城区、城乡结合部、产业集聚区、重点乡镇等居民住宅区，适度推进燃气壁挂炉取暖。在热力和燃气管网覆盖范围以外的机关企事业单位、学校、商服等公共领域，按照因地制宜的原则有序推进天然气分布式能源、天然气集中采暖、燃气壁挂炉等多种天然气利用方式替代炊事和采暖用散煤。

一般来说，城乡结合部以及城中村等地区的"煤改气"工程主要推广燃气壁挂炉替代分散式的燃煤取暖炉具。燃气壁挂炉以燃气为热源，水体介质经过加热器加热和循环水泵循环，将热水送至散热器或地暖盘管后，经回水管回流壁挂炉，完成循环，为室内供热。分户式燃气壁挂炉单台可为300 m^2 左右的单元住宅或别墅提供采暖热源和生活用热水。燃气壁挂炉的能效远高于燃烧散煤。普通的燃气壁挂炉热效率在90%左右，先进的冷凝式燃气壁挂炉产品热效率可以达到95%以上。分户式燃气壁挂炉与集中式供暖相比，管道热损失小，热力、外网及楼内管道的热损失至少可以减少15%，另外分户式壁挂炉用户可以根据自己的实际情况确定室内温度、采暖时间和采暖区间，可以为用户节约运行费用30%左右。

为落实天然气保供工作，国家发改委发布的《天然气基础设施建设与运营管理办法》规定，天然气销售企业应当建立天然气储备，到2020年拥有不低于其年合同销售量10%的工作气量，以满足所供应市场的季节（月）调峰以及发生天然气供应中断等应急状况时的用气要求。

专栏：山东省济南大学冷凝式天然气锅炉应用

2016年，济南市开展了建成区35蒸吨/小时及以下燃煤锅炉的淘汰（改造）工作。济南大学西校区在改造范围内，按照全市统一要求，于2016年开展了煤改气工作。济南大学西校区供热站改造项目采用博墨热能提供的4台2.8MW的冷凝式燃气锅炉，为学校宿舍、教学楼供暖，供热面积为16.1万平方米，2016—2017年供暖季是其首个供暖季。2016—2017年供暖季，设备运行时数为2880小时，共消耗96.6万立方米天然气。

根据节能建筑设计标准中，济南市供暖平均耗煤量为9.8kg/m² 每供暖季。项目供热面积为16.1万平方米。替代燃煤后相应的污染物减排量及成本计算如表3-15、表3-16所示。

表3-15 减排量计算

燃煤替代量 /(t/a)	烟尘减排量 /(kg/a)	NO_x减排量 /(kg/a)	SO_2减排量 /(kg/a)
1577.8	4.32	0.1	12.4

本案例中，燃气供热收费为33元/(年·m²)；供暖面积为16.1万平方米，2016—2017年供暖季耗气量为96.6万立方米，电费为20万元，锅炉房工作人员共5人。

表3-16 减排成本计算

指标名称		费用
初投资成本/万元	基础建设	680
	设备购置	
运行维护成本/(万元/年)	电费	290.48
	维修维护费	—
人力成本/(万元/年)		31.71
污染物减排年成本/[元/(污染当量数·年)]		235.27
吨煤年替代成本/[元/(吨煤·年)]		2384.29
单位面积供暖成本/[元/(m²·年)]		22.1

3.2.4.3 比较分析

北京市与天津市在清洁供暖改造过程中侧重以电代煤的方式进行改造。北京地区对"煤改电"的侧重度高,煤改空气源热泵占"煤改电"户数比例及项目预算较高,而河北、山东、山西三省更侧重于以气代煤。其中河北省对天然气支持度最高,壁挂炉改造户数远高于空气源热泵,山西省户式采暖中对空气源热泵的积极性远低于预期,且该省对储能式、蓄热式的应用也大量减少了空气源热泵所占份额,山东省改造户数最少。

"煤改气"与"煤改电"的适用条件对比见表3-17。

表3-17 "煤改电"工程与"煤改气"工程适用条件对比表

项目		适用条件
"煤改电"工程	资源条件	我国煤炭富有,煤炭发电可以长期供给,可以缓解部分地区当前面临的电力消纳与系统调峰困难,特别是个别地区的严重"窝电"问题,弃风、弃光问题得到有效缓解。就资源储量来说,煤改电是强于煤改气的
	基础设施	电网基础设施配套较好,电网容量大,变压器负荷可以保障电力供应的地区。在热力(燃气)管网未覆盖的城乡结合部或生态要求较高区域的居民住宅,加快新一轮农村电网改造升级、电量增容,结合村庄人居环境整治及新型农村社区建设,推广电采暖技术。工程线路改造后,防止出现电源电压过高及过低问题
	适用地区	重点对燃气(热力)管网覆盖范围以外的学校、商场、办公楼等热负荷不连续的公共建筑,大力推广碳晶、石墨烯发热器件、发热电缆、电热膜等分散电采暖替代燃煤采暖;在燃气(热力)管网无法到达的老旧城区、城乡结合部或生态要求较高区域的居民住宅,推广蓄热式电锅炉、热泵、分散电采暖;在新能源富集地区,可再生能源消纳压力较大,电网调峰需求较大的地区,利用低谷富余电力,实施蓄能供暖
	难度水平	电网改造所需投资大、施工期长、地方政府很难协调完成。财政支持程度、补贴是否到位也是个问题
	安全程度	我国有成熟的电网体系,安全用电是全民的共识,用电知识基本普及,供电安全建设比较到位。从安全性上来说,煤改电是强于煤改气的
"煤改气"工程	资源条件	我国一次能源结构具有"富煤、贫油、少气"的特征,天然气成本较高,且供应能力有限,天然气主要依赖进口,未来供气不足可能会成为常态
	基础设施	天然气管道投资大,对于零散村落不划算。在气源充足、经济承受能力较强的条件下,可作为大中型城市集中供热的新建基础热源。对于人口集中、电量超过负荷、离市政气源较近的农村实施该工程。在落实气源的情况下,积极鼓励燃气空调、分户式采暖和天然气分布式能源发展。加快燃气老旧管网改造

续表

项目		适用条件
煤改气工程	适用地区	适合热网覆盖不到的区域进行分散供热,也适用于独栋别墅或城中村、城郊村等居民用户分散的区域。结合新型城镇化建设,支持城市建成区、新区、新建住宅小区及公共服务机构配套建设燃气设施,加强城中村、城乡结合部、棚户区燃气设施改造以及气代煤
	难度水平	燃气管网铺设相对容易,施工期短、投资可承受,但气源保供压力大。财政支持程度、补贴是否到位也是个问题
	安全程度	天然气属于易燃气体,泄漏后很容易发生爆炸事故,而且现在的农村天然气全都是明管管道架设,有一定的安全隐患。而且天然气到户的NO_x排放仍然非常可观

专栏:"煤改气"和"煤改电"市场热度此消彼长

2018年,"双替代"仍是清洁取暖工作的重点。北京、天津、河南、陕西等省市以"煤改电"为主,其中随着北京平原地区"无煤化",北京"煤改电"市场急剧缩减,河南是2018年"煤改电"最大的市场,约占全国"煤改电"市场的半壁江山。陕西作为北方清洁取暖重点区域的新晋省份,技术路径上以"煤改电"为主,市场潜力正在逐步释放。河北仍是"煤改气"技术路径选择的典型省份,也是"煤改气"的最大市场。根据"河北政府工作报告2019",2018年河北省完成清洁取暖改造181.2万户,其中"煤改气"占比约80%。根据公开资料整理,2018年,河北省累计完成清洁取暖改造434.9万户,其中累计完成"煤改气"377万户,占比87%。

在"煤改气"领域,一方面,2017年"煤改气"带来燃气消费增长速度超过部分地区燃气供应能力,储气设施建设与"煤改气"工程目标任务脱节等问题的出现,导致局部地区供气紧张。2018年,在"以气定改""先立后破"的原则和储气设施逐步加快的情况下,采暖期供气紧张情况大幅减缓。另一方面,"煤改气"市场在经历2017年爆发后,2018年遭遇寒潮。根据中国土木工程学会燃气分会燃气供热专业委员会发布的"2018年度市场产、销量调查统计公告",2018年,用于"煤改气"工程的燃气壁挂炉的销量为145万台,占全年燃气壁挂炉总销量的45%,相比2017年减少了232.5万台,降幅达到62%。

2018年"煤改气"市场规模下滑,主要受地方政策影响。在2017年冬季供气紧张的形势下，各地政府及时做出了政策调整，要求按照"以供定改、先立后破"的原则推进，并要求各地燃气公司管网建设注重安全、持续推进，不再抢工期进度。也就是说，2017年"煤改气"改造和天然气管路铺设同时进行，甚至先进行"煤改气"改造，再通天然气的情况基本上不再存在。此外，2018年，各地必须要确保天然气基础建设已经完善后，才能进行"煤改气"改造。这也导致一些地区暂时搁置了"煤改气"计划。

2018年"煤改气"市场遇冷是基于2017年爆发式增长的形势而言的。若从"煤改气"市场的历史发展的角度来看，增长的大趋势并未改变。

与2017年相比，2018年伴随"煤改气"规模下滑的是"煤改电"规模的明显提升。根据国家电网公司公布的统计数据估算，2018年"煤改电"规模同比增长58%。2018年"煤改电"配套电网10千伏及以下工程投资152.23亿元，分解单体工程10839项，惠及9391个村217.3万户居民，供暖面积约175万平方米。其中，2018年新增客户采用蓄热电采暖的比例达到32%，较2017年提高16个百分点。

2018年"煤改电"规模的提升并未提振空气源热泵行业。2018年空气源热泵行业整体采暖内销市场实现了67.5亿元的销售规模，同比下滑幅度25%以上。细分采暖产品中，户式水机同比滑落近60%，户式风机同比增长700%以上，工程采暖同比增长20.6%。据悉，户式水机产品大幅下滑主要是源于北京"煤改电"市场的大幅缩减；而增幅较大的户式风机比较迎合低补贴地区的清洁取暖需求。此外，2018年，河南作为"煤改电"大省，在2018年四季度的空调采购力度最大，以12.3亿元采购规模领跑全国。

3.2.5
可再生能源利用

对于电网、热力管网、天然气管网等建设不完善，也不具备"煤改气""煤改电"或集中供暖条件的地区，可根据当地的可再生资源禀赋及地质环境条件，发展分布式可再生能源，用于发电、供热等用途。以下主要介绍可再生能源用于供暖的常见方式及适用条件。

3.2.5.1 地热利用

北方地区地热资源丰富,可因地制宜作为集中或分散供暖热源。在经济较发达、环境约束较高的京津冀鲁豫地区,可以推进水热型(中深层)地热供暖,将地热能供暖纳入城镇基础设施建设范畴,集中规划,统一开发。浅层地热供暖可以替代散煤供暖。

中深层地热能供暖:具有清洁、环保、利用系数高等特点,主要适于地热资源条件良好、地质条件便于回灌的地区,代表地区为京津冀、山西、山东、河南等。具备中深层地热资源的地区,要整体规划、集约化开发,尽可能按集中供暖方式建设。

浅层地热能供暖:适用于分布式或分散供暖,可利用范围广,具有较大的市场和节能潜力。在京津冀鲁豫的主要城市及中心城镇等地区,优先发展再生水源(含污水、工业废水等),积极发展地源(土壤源),适度发展地表水源(含河流、湖泊等),鼓励采用供暖、制冷、热水联供技术。

专栏:河北省雄县地热井供暖项目

该项目利用中深层地热资源,通过采用"间接换热,梯级利用,封闭回灌"的技术为农村住宅提供集中供暖。技术利用板式换热器,将热源侧的地热水和供热侧的软化水分开,形成两个独立且封闭的换热循环系统;利用钛板换热器对地热水进行梯次利用;并通过与生产井相同井身结构的回灌井将换热后的地热水灌入热储层中,实现同层无污染回灌。项目建设初投资650余万元,供暖面积5万平方米,共覆盖村庄内570余座住房,这些住房均为1~2层未实施节能改造的典型农村住宅。经调查,该村农户原采用燃煤取暖,每个供暖季户均用煤量4t左右。以此推算,地热能供暖项目实施后替代散煤2280t。表3-18所示为该项目综合效益分析结果。由于该改造项目是分散式改集中式,原燃煤采暖的污染物排放量按民用散煤排放因子计算。

表3-18 综合效益分析

指标名称		计算结果
大气污染物减排量 /(吨/年)	SO_2减排量	20.25
	NO_x减排量	3.65

续表

指标名称		计算结果
大气污染物减排量/(吨/年)	烟尘减排量	34.2
	VOCs减排量	9.12
初投资成本/万元	基础建设	650
	设备购置	
运行维护成本/(万元/年)	电费	—
	维修维护费	—
人力成本/(万元/年)		—
采暖期室内温度/℃		18
污染物减排年成本/[元/(污染当量数·年)]		4.3
吨煤年替代成本/[元/(吨煤·年)]		55.56
单位面积供暖成本/[元/(m²·年)]		4.33

3.2.5.2 生物质能利用

生物质能清洁供暖布局灵活，适应性强，适宜就近收集原料、就地加工转换、就近消费、分布式开发利用，可用于北方生物质资源丰富地区的县城及农村取暖，在用户侧直接替代煤炭。大型养殖场及周边地区可利用畜禽粪便和生物质建设规模化沼气集中供气采暖系统。生物质资源丰富和生物质成型燃料技术成熟的地区，可利用生物质成型燃料进行集中供暖。生物质锅炉有其特殊的适用性，受使用地区生物质成型燃料供应、环境和能源政策等影响，在建设改造时应综合考虑。生物质发电尽可能实行热电联产集中供暖，不具备建设生物质热电厂条件的地区，可推广生物质锅炉供暖或生物质成型燃料。

生物质能区域供暖：采用生物质热电联产和大型生物质集中供热锅炉，为500万平方米以下的县城、大型工商业和公共设施等供暖。其中，生物质热电联产适合为县级区域供暖，大型生物质集中供热锅炉适合为产业园区提供供热供暖一体化服务。直燃型生物质集中供暖锅炉应使用生物质成型燃料，配置高效除尘设施。

生物质能分散式供暖：采用中小型生物质锅炉等，为居民社区、楼宇、学校等供暖。采用生物天然气及生物质气化技术建设村级生物燃气供应站及小型管网，为农村提供取暖燃气。

生物沼气：以畜禽养殖废弃物、秸秆等为原料发酵制取沼气，以及提纯形成生物天然气，可以用于清洁取暖和居民生活。符合入网标准的生物天然气可并入城镇燃气管网。大中型沼气工程可以为周边居民供气。

3.2.5.3 太阳能利用

在资源丰富地区，太阳能适合与其他能源结合，实现热水、供暖复合系统的应用。在条件适宜的中小城镇、民用及公共建筑上可以推广太阳能供暖系统。在农业大棚、养殖场等用热需求大且与太阳能特性匹配的行业，可以充分利用太阳能供热。太阳能资源丰富或较丰富且经济条件允许的地区宜采用太阳能热水供暖技术和主被动结合的供暖技术。经济欠发达地区应优先采用建筑本体节能技术和被动式太阳能利用技术。

太阳能供暖：适合与其他能源结合，实现热水、供暖复合系统的应用，是热网无法覆盖时的有效分散供暖方式。特别适用于办公楼、教学楼等只在白天使用的建筑。

太阳能热水：适合小城镇、城乡结合部和广大的农村地区。太阳能集中热水系统也可应用在中大型城市的学校、浴室、体育馆等公共设施和大型居住建筑。

3.2.6
热泵技术应用

热泵是利用外界环境（如空气、水、土壤等）中的能量或工业余废热作为热源，经一定热力学作用后，进而向生产工艺过程供热或满足商用、民用领域用热需求的设备。

3.2.6.1 概述

根据驱动热泵的能源种类不同，热泵主要有电力驱动、热力驱动两种型式。人们一般说的热泵通常是狭义概念上的，即以消耗电能为主；近年来随着节能环保理念深入人心，可回收利用余废热的吸收式热泵（主要消耗热能）也逐渐开始广泛应用起来。

电驱热泵主要由压缩机、热交换器、保温水箱、水泵、储液罐、过滤器、电子膨胀阀和电子自动控制器等组成。制热时，室外热源的载质通过流经蒸发器的工质进行热交换，温度降低后的热载体排出系统，同时，蒸发器内部的工质吸热汽化被吸入压缩机，压缩机将这种低压工质气体压缩成高温、高压气体送入冷凝器，强制循环的水或空气也通过冷凝器，被工质加热后送去供用户使用，而工质被冷却成液体，该液体经膨胀阀节流降温后再次流入蒸发器，如此反复循环工作，外界中的热能被不断"泵"送到室内，使保温水箱里的水温逐渐升高，最后达到55℃左右，正好适合人们洗浴、采暖等；或直接将室内空气加热至设定温度，通常为18~22℃，满足采暖需求，这就是热泵的基本工作原理。

电驱类热泵主要有空气源（或称空气能）热泵、地源热泵（包括土壤源、水源）等型式，其中低温空气源（热风/热水）热泵技术在目前农村地区采暖领域应用最为成熟可靠，北京密云司马台新村的热泵采暖案例较有示范意义。地源热泵在节约能源和保护环境方面同样具有优势，理论上某些地方甚至优于空气源热泵，这一型式以上海世博轴的江水源+土壤源热泵系统联合运行的应用最为成功。

3.2.6.2 空气源热泵

空气源热泵是利用空气作为热源，向室内空间提供采暖与生活热水或热风的设备。它比单纯用电加热器制热更省电、快速、安全，且室外热能潜力较大。空气源热泵同时具有制冷功能，夏季可作为空调满足人们的用冷需求，某些产品甚至配备有新风换气功能，实现一机多用。

空气源热泵能效比平均可达到3.0以上，而燃气锅炉机组的热效率最多达到0.8，一般情况在0.75以下。也就是说，空气源热泵消耗1个单位的能量，可产生3.0~4.0个单位的热量；而燃气锅炉消耗1个单位的能量，仅产生0.75~0.8个单位的热量。相比而言，空气源热泵能够以最小的能源获得最大的经济效益，比燃气锅炉效率高。空气源热泵以电为能源，可自动根据设定温度控制启停，无需专人看管，维护简单。在不考虑人工及其他费用的情况下，空气源热泵运行费用仅比燃煤锅炉略贵;若考虑人工及其他费用,则空气源热泵最节省。因此,从成本费用及环境效益方面看,空气源热泵均最节能环保、最节资。

空气源热泵采暖要体现出自身的优势和潜力,具体实施过程中需要兼顾以下几项基本原则:

① 空气源热泵电网增容的合理匹配。原有的电网线路可承载的用电负荷远达不到热泵要求,需要进行扩容改造。然而,这种改造升级后的电网一年仅在4个月的采暖季里使用,其他60%的时间段均闲置,这对资源造成了无形的浪费。热泵采暖方案应进行专业化设计、科学合理规划,避免出现"大马拉小车"现象。

② 输热、用热过程综合全面考虑。对于空气源热泵作为集中供暖的热源,由于空气源热泵的特点,为减少输送热损失和管网造价,不宜较长距离输送热媒。选用末端设备时应考虑房间功能、生活习惯和运行方式,从舒适性和经济性选择适合住户需求的地板辐射供暖、风机盘管供暖、散热器供暖形式。

③ 空气能作为可再生能源进行供暖,可在农村地区发挥其特有优势。农村居民居住较分散,空气源热泵系统作为热源能够灵活地适用农居特点,具有可行性,若与柴灶和土炕结合,还可形成适合农村特色的供暖和生活体系。建议在新农村建设中提高建筑节能水平,进行外墙、门窗等保温改造。

专栏:北京市房山区某村煤改空气源热泵项目

房山区某村于2016年启动开展"煤改电"工作,采用空气源热泵技术进行改造。其中,格力空气源热泵共249户,海尔空气源热泵共50户,鸿盛蓄能蓄热式电采暖40户。热泵在供暖季全天运行。

按每户年供暖季平均用煤5t计算,减排量及成本见表3-19、表3-20。

表3-19 减排量计算

燃煤替代量/(t/a)	烟尘减排量/(kg/a)	NO_x减排量/(kg/a)	SO_2减排量/(kg/a)	VOCs减排量/(kg/a)
5	75	8	44.4	20

表3-20 减排量成本计算

指标名称		费用
空气源热泵购置成本，6匹机型/元		28000
运行成本/（元/年）	电费	2874.83
	含初投资	5674.83
人力成本/（万元/年）		10.18
污染物减排年成本/[元/（污染当量数·年）]		51.3
吨煤年替代成本/[元/（吨煤·年）]		1134.96
单位面积供暖成本/[元/（m²·年）]	含初投资	47.29
	运行成本	23.96

3.2.6.3 地源热泵

地源热泵是以岩土体、地下水或地表水为低温热源，由地热能交换系统、热泵机组、建筑物内末端系统组成的供热空调系统。目前，通过取回灌地下水的水热型和利用浅层地热能的热泵型技术已基本成熟。近年来热泵应用范围逐渐扩展至全国，年增长供暖面积1800万～2300万平方米，年增长率超过30%。其中80%集中在华北和东北南部，包括北京、天津、河北、辽宁、河南、山东等地区。"2+26"城市中，不少地区也具备适宜开展浅层地热能利用的先天条件，"雄县"模式正成为京津冀及周边地区推广应用地热采暖的一个成功示范，北京延庆铁炉村地源热泵采暖作为其在京郊山村地区成功推广的首例具有重要意义。

地源热泵系统不仅能供暖、供冷而且可以提供生活热水，具有多重功能，主机使用寿命一般在20年左右。若采用地下水式地源热泵系统，冷热源部分的初投资在150～300元/m²；采用土壤源地源热泵系统，系统初投资冷热源部分在200～400元/m²，与采用国产冷水机组+锅炉供暖系统的初投资大致相同或略高。但采用地源热泵系统制冷时，其运行费用比传统中央空调降低15%～30%。地源热泵系统的维护成本非常低，无需专人看管，节省了占地空间和人力资源。运行费用低，系统正常运行冬季费用低于20元/m²，夏季低于15元/m²。

地源热泵采暖要体现出自身的优势和潜力，具体实施过程中同样还需要考虑以下原则：

① 地源热泵作为应用浅层地热的有效手段，其应用前应首先依法开展环境影响评价，全面评估地热能开发对当地原有生物系统以及环境风险方面的影响。地热能开发利用带来的生态问题主要是造成原有生物系统脆弱性以及突发环境风险的可能性增加。评价地下水取水井和地埋管系统方案的环境影响过程中，需充分考虑当地资源禀赋和生态环境承载力的关系，科学规划开发布局，进行地源热泵系统应用分区管理，因地制宜，划定适宜发展区、限制发展区和禁止发展区，同时控制开发规模，防止因过度注重经济效益而忽略对环境效益的保护。

② 严格控制地源热泵换热系统建设施工期对环境的影响。地热开发应严格控制地下水使用规模，避免对地下水环境产生不利影响；建设期应减少其进入大气环境中的施工扬尘和废弃物；工作人员产生的生活垃圾，在集中收集后送至当地的垃圾填埋场进行处置。

③ 加强地源热泵系统运营期间的环境影响监测。地源热泵系统运营阶段涉及设备与场地维护、地下水回灌等对周边生态的正负面作用，需全面监测其变化。通常，一定时间周期以后其带来的风险可能性程度将不断递增，管理措施和监测手段成为有效避免风险发生的重要保障。由于地热能采集系统自身存在独特性，其影响周边生态安全的程度和潜在风险预测更复杂，如地热失衡对土壤结构的改变以及地下换热器长期运行可能对局部微环境造成的热累积、热污染、热害影响等。

④ 因地制宜选取热泵开发利用清洁能源的方式。相关地区要根据供热资源禀赋，因地制宜选取浅层地热能开发利用方式，对地表水和污水（再生水）资源禀赋好的地区，积极发展地表水源热泵供暖；对水文、地质条件适宜地区，在确保回灌、不污染地下水的情况下，积极推广地下水源热泵技术供暖。不具备应用地源热泵条件的地方，优先发展空气源热泵。

3.2.6.4　余热利用吸收式热泵

余热回收利用是通过采用余热锅炉产生蒸汽，从而推动汽轮机输出机械功和发电，以及通过热工装置提升温度后或直接用于供暖及供给生产、生活热水。余热利用吸收式热泵是大型热泵系统的一种，主要适用于有大量工业余热和废热的场合，如电厂、水泥厂、钢铁厂和炼油厂等。应用吸收式热泵进行余热供暖是替代当前散煤直接燃烧采暖、有效减少热资源浪费的趋势之一。吸收式热泵从结构上说具有单效系统和双效系统，其中双效循环系统的性能系数较高。随着技术的不断进步，三效型机组也已开发成功。

中高温烟气消耗浪费了工业用能设备的很大一部分能量，从各种冶金炉、锅炉、窑炉等排出的高温烟气往往可带走炉子供热量的20%左右。降低排烟热损失、回收烟气余热可进一步提高工业炉的热效率，同时也是一项重要的供暖措施和节能途径。针对燃气电厂、钢铁厂、水泥厂等的蒸汽——燃气联合循环烟气余热回收系统可以将烟气的温度降低到20℃左右，其工业生产过程不但满足了燃气和蒸汽发电要求，还进一步满足了供热需求，实现了高品位能源的梯级利用。另外，热电循环过程中使用的外界冷却水和内部热力循环完成后的乏汽冷凝后通常都会产生大量的余热，回收利用这部分余热能够在供热抽汽负荷不变的条件下再进一步增大热电联产的供热负荷，不仅大大提高了热电联产一次能源的利用率，而且在不增加热源、不影响发电的条件下增加热网供热负荷、增大供热面积、减小热电联产冷却水损耗，具有节能、节水、节资等优势。

采用余热供暖首先应在不影响原有生产工艺和设备运行的前提下进行，从而真正实现余热资源的回收再利用。山西太原市古交电厂回收利用电厂余热进行供暖在节能效益、环境效益和经济效益等方面均取得了成功，具有典型的示范意义，项目实施后每年约减少二氧化碳排放量217万吨，二氧化硫6.6万吨，氮氧化物3.3万吨，粉尘2.9万吨，灰渣32.69万吨。

3.2.6.5 比较分析

热泵应用也需要因地制宜，根据当地的气候、气象情况和资源禀赋条件，设计选用效益最好的系统方案。具备热泵供暖建设条件的新建公共建筑、工业厂房和居民住宅楼，如无采用工业余热、废热的作为供暖热源的条件，应当安装热泵供暖系统，并实行与建筑主体同步规划设计、同步施工安装、同步验收交用。同时，按照《工商用制冷设备的环境标志产品技术要求》《商业或工业用和类似用途热泵热水器》和《家用和类似用途热泵热水器》标准进行应用。

空气源热泵若应用不当，在外界环境气温低于设计工况的气候地区或遇到空气湿度较高的天气时，常出现制热量供给不足或室外机结霜严重、系统频繁除霜的情况，甚至导致无法开机。地源热泵如果设计或施工不当，从地下开采上来的水经换热器后难以再全部回灌到含水层内的话，将造成地下水资源浪费。回灌的水若受到污染，也会造成地下水层的破坏。另外，地下水位较低，不仅成井的费用增加，同时运行过程中水泵的耗电量也增大，系统的整体效率必将降低。热泵型式比较与选用参考见表3-21。

表3-21 热泵型式比较与选用参考

热泵型式	适用条件及场合
空气源热泵	① 室内冷热负荷不是太大，适合分散式、单体式建筑采暖，使用调节方便灵活，且成本相对较低； ② 可作为集中供热的补充，承担小型区域供热； ③ 冬季室外气温一般高于-5℃（最低气温达到-30℃时，需低温空气源热泵或增加蓄热装置用于补给极端寒冷天气工况下的供热量）
地下水地源热泵	① 建筑项目附近地下水资源丰富，并便于实施供回水工程； ② 地方政策允许利用地下水； ③ 地下水温合适，水质适宜，供水稳定，回灌顺畅
地表水地源热泵	① 建筑项目附近有丰富的地表水，如江水、河水、湖水、海水等，优先利用城镇污水资源，发展污水源热泵； ② 水量充足、水温合适，水质经简单处理达到使用要求； ③ 对于有冷热需求的建筑可兼顾其夏季制冷，适宜作为集中供热的补充，承担单体建筑或小型区域供热（冷）
土壤源热泵系统	① 建筑物附近缺乏水资源或因各种因素限制，无法利用水资源； ② 地质条件好，土壤的季节冷热交换基本平衡，可承担单体建筑或小型区域供热（冷）； ③ 项目附近有足够场地铺设"地埋管"，例如，办公楼前后场地、别墅花园、学校运动场等
烟气余热吸收式热泵	① 回收烟气热量的同时，回收烟气中的水蒸气及其冷凝热，可满足禁止烟囱冒"白烟"现象的要求，而且节能节水； ② 目标企业排放的烟气需性质稳定、符合环保要求，企业内部或附近存在有用热生产工艺或有集中供暖需求的居民小区； ③ 余热温度较高、热量富余的情况下，也可以考虑向距离较远的居民小区供暖
乏汽余热吸收式热泵	① 热电联供情况下，可满足调节峰谷电力负荷的需求，而采用热、暖、电三联供模式又进一步提高了热电系统的效率和灵活性； ② 作为厂内办公楼宇和员工宿舍的用热热源，提供生活热水和采暖热水；富余情况下，也可向附近企业或居民小区供应； ③ 厂区远离市政基础设施网络或接网成本较大，满足自行建设厂内生产、生活设施的需求

续表

热泵型式	适用条件及场合
多源热泵系统	① 热泵仅依靠单一热源工作时易偏离最佳运行工况，造成机组效率降低，而多热源联合运行兼顾各热泵方式均高效工作； ② 热源对象变化波动的时间、季节相互错开，具有差异性，满足热源端所处环境和生态需休养、维护等条件要求； ③ 系统复杂，适合能接受系统初投资大、成本回收周期长的用户
热泵复合系统	① 热泵运行条件较差，机组稳定性、可靠性不可完全保证，需要其他供热方式作为补充； ② 附近存在其他稳定的供热条件，如太阳能、余（废）热资源等

3.3 能源管理

能源管理就是综合运用经济、技术、法律、行政等手段，促进社会经济与能源发展相协调。从本质上来看，清洁取暖的内在动力，是政策引导下取暖领域的供给侧结构性改革。政府运用财政、价格政策作为"药引子"，建立良性市场环境，保障基本民生需求，落实重点环保任务；企业发挥各自专业优势，发现市场优化配置资源带来的红利，提高清洁供暖质量；用户建立绿色节约的现代化用能习惯，真正实现"企业为主、政府推动、居民可承受"。能源管理的途径主要包括采取节能措施、建立能源管理体制机制、制定能效管理措施、编制能源发展规划或方案等。

3.3.1 节能措施

节能就是尽可能地减少能源消耗量，生产出与原来同样数量、同样质量的产品；或者是以原来同样数量的能源消耗量，生产出比原来数量更多或数量相等、质量更好的产品。节能主要从工业、建筑、交通和生活消费层面提出等相关节能措施。

3.3.1.1 节能潜力分析

对节能潜力的准确评估与计算,可以为节能技改的决策、规划提供可靠的依据。节能潜力已经被能源管理和技术部门普遍采用,但是目前尚无一个统一的定义和方法。目前主要应用的节能潜力计算方法主要包括国家计、经委颁布的《能源节约量计算方法》、参数对比法、结构演进法和学习曲线法。各地区各行业可以根据自身特征和需求进行节能潜力分析和计算。

根据《能源节约量计算方法》中的"应在综合能耗的基础上,计算节能量和节能力"的规定,建议采用下列 3 项能耗指标组成节能潜力基准系列:理论单位综合能耗,同类装置中最低单位综合能耗,本装置的设计单位综合能耗。

参数对比法是计算节能潜力的主要方法,其核心思想是"差距即潜力",低能效国家(地区)通过与高能效国家(地区)进行对比计算能效差距,该差距即是低能效国家(地区)的节能潜力。

结构演进法假设产业结构的升级与变迁是判断区域经济发展价值的主要标志,构建结构演进与能源消费关联模型探究能源消费变化的根本原因,结合区域经济发展态势剖析能源的节能潜力。

学习曲线法是通过对能源与经济时间序列的分析,提出经济与能源消费的"学习曲线",并基于此理论计算不同经济状态下的节能潜力。

3.3.1.2 工业节能措施

工业节能措施主要包括使用高效节能发电机、变频器、节能锅炉等节能技术和产品,加大热电联产、余热余压利用、超低排放等节能技术改造工程建设等,淘汰低效高耗能设备和产品等。

(1)高效节能技术和产品

鼓励推广的高效节能技术和产品包括节能锅炉窑炉、节能电机系统和工业智能化用能监测设备等。具体参考《工商用直冷设备的环境标志产品技术要求》《国家重点节能低碳技术推广目录》《节能机电设备推荐目录》等。

锅炉窑炉技术和产品包括高校煤粉工业锅炉,节能高效循环流化床锅炉以及采用优化炉膛结构、蓄热式高温空气预热、太阳能工业热利用系统、辐射传热等技术的节能环保锅炉。

节能电机系统包括达到国家1、2级能效标准的电动机、变压器、高压变频器、无功补偿设备、风机、水泵、空压机系统等。

（2）节能技术改造工程

节能技术改造工程，主要包括余热余压利用工程、能量系统优化工程、电机系统节能工程、燃煤锅炉升级改造工程等。其中余热余压利用工程和燃煤锅炉升级改造工程在第七章有详细介绍。

能量系统优化工程，主要包括加强电力、钢铁、有色金属、合成氨、炼油、乙烯等行业企业能量梯级利用和能源系统整体优化改造，开展发电机组通流改造、冷却塔循环水系统优化、冷凝水回收利用等，优化蒸汽、热水等载能介质的管网配置，实施输配电设备节能改造，深入挖掘系统节能潜力，大幅度提升系统能源效率。

电机系统节能工程，主要包括开展高压变频调速、永磁调速、内反馈调速、柔性传动等节能改造，支持基于互联网的电机系统能效监测、故障诊断、优化控制平台建设。通过软启动装置、无功补偿装置、计算机自动控制系统等，合理配置能量，实现系统经济运行。

（3）低效高耗能设备和产品

根据我国定期发布的《高耗能落后机电设备淘汰目录》，淘汰落后电机、落后锅炉。

（4）工业节能管理措施

工业节能管理的主要措施包括实施工业能效赶超行动，加强高能耗行业能耗管控，在重点耗能行业全面推行能效对标，推进工业企业能源管控中心建设等。

3.3.1.3 建筑节能措施

建筑节能是指在保证建筑舒适性和功能性的基础上，采用节能型的技术、工艺、设备、材料和产品，提高能源效率，实现节约能源。建筑节能主要通过新建建筑的节能与现有住宅节能改造两个方面实现。

建筑节能的主要措施包括新建建筑能效提升工程、可再生能源建筑应用、既有建筑改造工程、农村建筑节能改造及节能新民居建设和建筑节能监管等。

（1）新建建筑能效提升工程

新建建筑能效提升工程主要体现在墙体材料的革新以及可再生能源的使用上。利用尾矿砂、煤炭、秸秆、杨树、石头生产新型建材，墙体材料全部采用黏土多孔砖，外窗采用中空塑钢窗，墙体和屋面增加保温材料。新建建筑能效提升工程主要包括推进绿色建筑行动；推行住宅建筑执行绿色建筑标准，开展星级绿色建筑以及绿色生态城区、绿色建筑集中示范区、绿色建筑产业示范园区等综合示范建设；推动绿色生态小区、城区建设。

（2）可再生能源建筑应用

太阳能光热建筑应用。结合太阳能资源禀赋情况，在学校、医院、幼儿园、养老院以及其他有公共热水需求的场所和条件适宜的居住建筑中，推广太阳能热水系统。

太阳能光伏建筑应用。在建筑屋面和条件适宜的建筑外墙，建设太阳能光伏设施，鼓励小区级、街区级统筹布置。鼓励专业建设和运营公司，投资和运行太阳能光伏建筑系统，提高运行管理，建立共赢模式，确保装置长期有效运行。

浅层地热能建筑应用。因地制宜推广使用各类热泵系统，满足建筑采暖制冷及生活热水需求。提高浅层地能设计和运营水平，充分考虑应用资源条件和浅层地能应用的冬夏平衡，合理匹配机组。鼓励以能源托管或合同能源管理等方式管理运营能源站，提高运行效率。

空气热能建筑应用。在条件适宜地区积极推广空气热能建筑应用。建立空气源热泵系统评价机制，引导空气源热泵企业加强研发，解决设备产品噪声、结霜除霜、低温运行低效等问题。

（3）既有建筑节能改造工程

重点进行墙体和门窗改造，墙体外加一层本地产的岩棉，门改成隔热门，窗户改成中空塑钢窗，节能效果可提高30%～40%。开展围护结构、供热系统等节能改造，多层老旧住宅加装电梯等适老化改造，给水、排水、电力和燃气等基础设施和建筑使用功能提升改造，绿化、甬路、停车设施等环境综合整治等作为补充的节能宜居综合改造。具体改造技术详见《既有居住建筑节能改造技术规划》。

（4）农村建筑节能改造及节能新民居建设

农村地区居住建筑应根据当地村庄和住房改造规划、地理位置、自然资源条件等，因地制宜地采用技术经济合理的节能技术，具体参考《农村既有单层住宅建筑综合改造技术规程》(J 13107—2015)；鼓励农村采用被动式太阳能采暖，被动式技术集成设计应符合现行行业标准《被动式太阳能建筑技术规范》(JGJ/T 267)的有关规定。

3.3.1.4 生活消费节能措施

生活消费节能措施主要包括推广使用达到国家1、2级能效标准的节能家用电器、办公和商用设备，以及半导体照明等高效照明产品，推广应用通过节能产品认证的产品。推动LED在农业、医疗、通讯、道路、公共机构等领域的应用。

3.3.2 能效管理措施

能效就是能源利用的效率或绩效。一般指标如单位产值能耗，单位产品能耗，或单位能耗产值（或产出）等。能效管理就是通过技术、管理等手段，减少能耗的浪费，提高能源利用效率，从而提高能源的绩效。根据"2+26"城市目前的能效管理措施实施情况，以及各类管理措施的实施效果和问题，提出相关建议。包括：建立严格执行能效标准的监管体系（用能产品和设备能效标准，单位产品能耗限制标准等）；执行重点耗能行业能效对标管理政策；加强实施能效标识制度；完善能耗消耗远程监测系统建设；加强完善和执行能源审计和碳排放核查制度等；参考《天津产业能效指南》，加强深化和执行《全国工业能效指南》；建立全企业能源台账制度；能耗数据统计和分析制度；工业企业能耗信息公开制度；全民节能教育、宣传和培训措施。

3.3.3 能源环境经济政策

能源环境经济政策是指按照市场经济规律的要求，运用价格、税收、财政、信贷、收费、保险等经济手段，调节或影响市场主体的行为。目前，我国主要的能源环境污染防治经济激励机制和政策包括税收优惠减免政策、排污权和碳权交易、价格政策、补贴政策、补偿政策、建设绿色金融节电信托基金、加速折旧、优先优惠的贷款贴息、节能产品惠民工程、政府采购、能效领跑者计划等政策。

3.3.3.1 能源价格政策

能源价格政策主要包括清洁能源供暖价格、分布式能源上网电价、差别电价和燃气阶梯电价政策等。各地区的能源价格市场远较一般的商品复杂得多，因此，目前全国各地渐进式的推进能源价格改革，维持市场稳定。《关于推进价格机制改革的若干建议》《关于完善跨省跨区电能交易交割形成机制有关问题》等文件对天然气、电价以及价格监管改革提出了具体思路，为各区域建立自己的能源价格政策提供参考。

根据"2+26"城市目前的能源价格政策实施情况，提出相关建议。包括：提出分布式能源上网电价制度，完善可再生能源电价形成机制，建立合理反映成本、有利于可再生能源发电的价格体系；加快电力、天然气等能源价格改革，逐步减少天然气价格补贴，完善环保电价政策，实行标杆上网电价政策。全面实行居民用电用气阶梯价格制度，推行供热按用热量计价收费制度，并根据实际情况进一步完善；进一步完善跨省跨区电能交易价格机制，明确跨省跨区送电由送受电双方平等协商或通过市场化交易方式确定电量和价格。

（1）"煤改电"的电价激励政策

具备资源条件、适宜"煤改电"的地区，可通过完善峰谷分时制度和阶梯价格政策，创新电力交易模式，健全输配电价体系等方式，降低清洁供暖用电成本。

① 完善峰谷分时价格制度。鼓励利用谷段低价电供暖，提高电力系统利用效率，降低"煤改电"用电成本。一是推行上网侧峰谷分时电价政策。鼓励北方地区省级价格主管部门按照当地大容量主力燃煤机组的边际发电成本确定谷段上网电价，在上网电价平均水平不变的前提下确定峰段上网电价，报国家发展改革委同意后实施。二是完善销售侧峰谷分时时段划分。对采暖用电部分，适当延长谷段时间（原则上不超过2小时），优化峰、平、谷价格时段划分。三是适当扩大销售侧峰谷电价差。在销售侧平均水平不变的情况下，进一步扩大采暖季谷段用电电价下浮比例。

② 优化居民用电阶梯价格政策。合理确定采暖用电量，鼓励叠加峰谷电价，明确村级"煤改电"电价政策，降低居民"煤改电"用电成本。一是合理确定居民采暖用电量。相关省份根据当地实际，合理确定居民取暖电量。该部分电量按居民第一档电价执行；超出部分计入居民生活用电，执行居民阶梯电价。二是鼓励叠加峰谷电价。鼓励省级价格主管部门在现行居民阶梯价格政策基础上，叠加峰谷分时电价政策，并在采暖季适当延长谷段时间。三是明确村级"煤改电"电价政策。农村地区以村或自然村为单位通过"煤改电"改造使用电采暖或热泵等电辅助加热取暖，与居民家庭"煤改电"取暖执行同样的价格政策。

③ 大力推进市场化交易机制。鼓励清洁供暖用电电量积极参与电力市场交易，在缓解弃风弃光扩大用电的同时，降低电采暖用电成本。一是推动可再生能源就近直接消纳。鼓励北方风电、光伏发电富集地区，在按有关规定完成保障性收购的前提下，鼓励电蓄热、储能企业与风电、光伏发电企业开展直接交易，建立长期稳定且价格较低的供用电关系。二是促进跨省跨区电力交易。北京、天津等行政区域内电力资源不足的，要在确保电网安全的前提下，打破省间壁垒，通过跨省跨区电力交易的方式扩展低成本电力资源。三是探索市场化竞价采购机制。支持具备条件的地区建立采暖用电的市场化竞价采购机制，由电网企业或独立售电公司代理用户采购市场最低价电量，予以优先购电保障。具体方案由省级价格主管部门、电力运行主管部门商能源部门、电网企业制定。四是合理制定电采暖输配电价。参加电力市场交易的采暖用电，峰段、平段执行相应电压等级的输配电价，谷段输配电价按平段输配电价的50%执行。

（2）"煤改气"的气价激励政策

天然气资源有保障，适宜"煤改气"的地区，要通过完善阶梯价格制度，推行季节性差价政策，运用市场化交易机制等方式，综合降低清洁供暖用气成本，重点支持农村"煤改气"。

① 明确"煤改气"门站价格政策。实行政府指导价的陆上管道天然气供农村"煤改气"采暖用气门站价格，按居民用气价格执行；供城镇"煤改气"采暖用气门站价格，按现行价格政策执行。

② 完善销售价格政策。居民"煤改气"采暖用气销售价格，按居民用气价格执行。同时，进一步完善居民阶梯气价制度，可对采暖用气单独制定阶梯价格制度。

③ 灵活运用市场化交易机制。鼓励供热企业与上游供气企业直接签订购销合同，通过交易平台确定或协商确定购气价格。

3.3.3.2 能源税收政策

税收优惠减免政策主要包括节能设备税费减免、燃油税、环保税和清洁能源与可再生能源的税收优惠政策。目前，我国已经出台了30余项促进能源资源节约和环境保护的税收政策。虽然制定了一系列促进能源资源节约和环境保护的税收政策，但仍然存在对国家鼓励发展的太阳能、地热能等可再生能源和节能、环保技术设备的开发推广缺乏必要的税收支持政策，缺乏监督管理机制以及缺乏符合各地方特色的税收优惠政策。

因各区域可从以下几个方面制定相应的税收优惠政策。实行对清洁能源与可再生能源的税收优惠政策，如减免关税、减免形成固定资产税、减免增值税和所得税；对非清洁能源和非可再生能源实施强制性税收政策，增加新的税种，如碳税政策等；完善高耗能、高污染产业税收政策，在税收政策中明确奖惩机制，可通过实际测算，使得给予高耗能、高污染企业的奖励足以弥补企业治理污染和提高能效的成本；对企业购置并实际使用的环境保护、清洁生产、节能节水的专用设备，允许其按一定比例抵扣企业所得税应纳税额；对开采处于开发后期的"尾矿"资源和三次采油免征所得税；提高资源税税率标准，优化税率结构。对于资源综合开采、回收、利用水平较高和环保效益突出的企业或项目，给予降低税率、税额减征等税收优惠待遇。

3.3.3.3 能源补贴政策

补贴政策主要包括工业技术改造补贴、可再生能源发电和分布式发电补贴、建筑节能改造补贴、新能源汽车补贴、煤改电补贴、煤改气补贴等。根据"2+26"城市目前的节能相关补贴政策实施情况提出相关建议，包括制定《节能减排奖励办法》《合同能源管理项目扶持办法》《绿色建筑补贴》《新能源汽车补贴》等规定；加大投资补贴。增加政府直接补贴，增大对清洁能源的重视力度，提高补贴支持力量；完善可再生能源分布式发电补贴政策，积极开拓接入低压配电网的就地利用的分散式风电；提出合理的"煤改电""煤改气"的补贴政策。在"煤改电"供热改造中，根据不同的采暖方式，实施市区两级政府补贴。其中，采用空气源热泵和蓄热式电暖器供暖的居民，设备购置费由政府补贴。同时，对采暖"煤改电"居民用户执行居民用电峰谷分时电价政策，每个采暖期对完成"煤改电"的农户部分峰谷进行补贴，实施"煤改气"供热改造的不执行阶梯气价。

专栏：《河北省新型墙体材料专项基金管理办法》

示范项目补贴标准：

① 绿色建筑示范项目。二星级设计标识项目按每平方米5元补助，单个示范项目最高补助不超过30万元；二星级运行标识项目按每平方米10元补助，单个示范项目最高补助不超过50万元。三星级设计标识项目按每平方米10元补助，单个示范项目最高补助不超过50万元；三星级运行标识项目按每平方米15元补助，单个示范项目最高补助不超过70万元

② 绿色建筑创新奖项目。按一等奖项目70万元，二等奖项目60万元，三等奖项目50万元补助。

③ 采用绿色建材的项目。住宅项目按每平方米10元补助，公建项目按每平方米12元补助。单个示范项目最高补助不超过40万元。

④ 住宅产业现代化综合试点城市基地及示范工程项目。国家住宅产业现代化综合试点城市补助100万元，河北省住宅产业现代化综合试点城市补助80万元。国家住宅产业化基地补助50万元，省住宅产业现代化基地补助40万元。住宅产业现代化技术研发中心、检测检验中心和技术推广中心按每个20万元补助。装配式建筑单体预制装配率30%以上按每平方米60元补助，单体预制装配率50%以上按每平方米100元补助，单个项目最高补助不超过70万元。国家康居示范工程和国家A级住宅性能认定项目按每平方米10元补助，单个示范项目最高补助不超过30万元。

⑤ 新建高标准节能建筑项目。住宅项目按每平方米20元补助，公建项目按每平方米25元补助。单个示范项目最高补助不超过50万元。

⑥ 省绿色建筑与住宅产业现代化产学研用示范基地。基地近5年来至少完成省部级科研课题2项，省厅级课题5项，主编参编国家、省技术标准3项以上、开展过绿色建筑与住宅产业现代化技术咨询、培训宣传、产品展示等实践活动。按

> 每个基地100万元补助。
>
> 墙改节能行业能力建设补贴标准：
>
> ① 培训工作补助。根据各市培训人数和省级考评结果，每组织培训1人补助30~50元；
>
> ② 宣传工作补助。按照宣传工作考核细则（另文下发），对各市政务信息、对外宣传和理论调研工作进行综合考评，区分为优秀、合格和不合格，对评定为优秀的每年给予不少于5万元补助。

3.3.3.4　其他经济政策

其他经济政策主要包括提出碳排放权交易政策、绿色证书交易政策和能源基金政策、工业企业能效领跑者奖励方案、提出政府采购的产品清单及政策建议、低息贷款政策（光伏发电、清洁煤炭、天然气汽车）等。

3.4 清洁取暖技术比较

根据使用能源种类的不同，可将常用的清洁取暖方式分为电采暖、天然气采暖、可再生能源采暖以及清洁煤采暖。根据采用技术的不同，电采暖又可分为电直热供暖（电热水锅炉、碳晶板电采暖、电热膜采暖、发热电缆采暖）、蓄热式电供暖（蓄能电采暖器、电蓄热锅炉）、土壤源热泵、低温空气源热泵，虽然土壤源热泵和低温空气源热泵是以土壤和空气作为热源，但由于其运行过程中的主要消耗品为电力，因此也归为电采暖范畴。天然气采暖的方式通常包括燃气热水锅炉和燃气壁挂炉两种，燃气热水锅炉功率较大，通常适用于较大面积的集中供暖，如宾馆、酒店、浴池、小区等，农宅分布较为分散，因此燃气壁挂炉更为适用。太阳能采暖系统的原理是通过集热器将太阳能转化为热能，以水作为储热介质，并通过散热部件向室内供暖，由于其受天气等不确定因素的影响较大，因此在实际应用中通常与其他采暖系统相结合，常采用的太阳能复合采暖系统包括太阳能+土壤源热泵/空气源热泵/燃气设备/清洁煤。各类技术的投资情况、设计安装难度、适用范围等特征如表 3-22 所示。

综合考虑各类技术的改造难度、技术成熟情况及各地资源禀赋、经济状况等多方面因素,目前各地广为推行的清洁取暖设备包括蓄能式电暖器、空气源热泵和燃气壁挂炉三类,这一点从前文中各地的清洁取暖改造完成情况也有所体现。各地出台的价格和补贴政策也基本围绕这三类技术制定。因此,在后文中将针对这三类技术进行补贴投资额的测算,对于其他清洁取暖技术,由于推行规模较小,补贴政策也不够完善,所以本书暂不考虑。

表3-22 各类清洁采暖技术特征

采暖设备	基础设施投资/(元/m^2)	设备投资	运行费用	设计安装难度	适用范围	技术优势
电直热供暖	电网扩容改造,320~410	中	高	发热电缆和电热膜需对房屋墙壁或地面进行改造,其他方式安装改造较少	建筑能耗低、电力供应充足、经济条件较好、户内人员较少的农户	即开即用,灵活度高
蓄能式电暖器	电网扩容改造,320~410	低	较高	直插直用,无需户内改造,安装难度低	较广,无明显不适用地区	充分利用峰谷电价优惠,并可实现电网"削峰填谷"
蓄热式电锅炉	电网扩容改造,320~410	较高	中	可直接利用户内散热器采暖末端,改造对农户生活影响较小	较广,无明显不适用地区	充分利用峰谷电价优惠,并可实现电网"削峰填谷"
空气源热泵	电网扩容改造,250	高	中	安装较为简单,无需布孔场地和设备机房,施工周期短	不适用于极寒地区以及温度低、湿度大的地区	部分型号可实现冷暖双供
土壤源热泵	电网扩容改造,250	高	中	户内安装难度较低,户外施工难度受地质条件影响差异较大	适宜于打井条件便利的平原等地区	COP 值较空气源热泵高,部分型号可实现冷暖双供
燃气壁挂炉	燃气管网铺设	中	较高	可直接利用户内散热器采暖末端,改造对农户生活影响较小	在燃气管网1500米范围之内,或具有 CNG、LNG 的村庄	部分型号可同时提供生活热水并解决炊事用能问题

续表

采暖设备	基础设施投资/(元/m²)	设备投资	运行费用	设计安装难度	适用范围	技术优势
太阳能复合采暖系统	电网扩容改造,250;或燃气管线投资,350	高	较低	较为复杂,改造对农户生活影响较大	适用于太阳能资源较为丰富的区域,在经济收入水平较高的地区或新农村新民居建设过程中推广	在太阳能资源丰富的地区或时段,辅助能源的消耗最小,且可同时满足生活热水供应

3.5 清洁取暖技术选型的影响因素

3.5.1 发达国家的选型经验

总体上看,清洁与舒适是许多发达国家选择供暖方式的主要因素。

亚洲地区(表3-23):亚洲国家中与我国气候比较相近的是韩国和日本。所以,日本、韩国郊区与农村大多采用每家每户的燃气、电力供暖。大量采用地板辐射热采暖是这两个国家室内采暖末端的主要形式。

表3-23 亚洲地区冬季气候环境情况示例

地区	冬季气温	气候类型	采暖方式	能源种类
首尔郊区	日平均温度为-2~6℃,最低日均温度为-16℃	温带季风气候	家庭以地暖为主	燃气、燃油、电力
东京郊区	日平均温度为5~12℃,最低日均温度为-3℃	亚热带季风气候	"暖桌"取暖	燃气、电力

北美地区(表3-24):加拿大水电资源丰富,郊区和农村居民采暖主要以电

采暖为主；美国中部农村主要为电采暖，南部农村主要为空调采暖制冷；美国北部也有一部分农村地区采用电采暖，但更多农村地区则采用燃油或燃气采暖。

表3-24 北美地区冬季气候环境情况示例

地区	冬季气温	气候类型	采暖方式	能源种类
华盛顿	日均温度为1~10℃；最低温度为-12℃	温带大陆性气候	—	电力、天然气、石油
渥太华	日均温度为-10~-1℃；最低温度为-22℃	湿润大陆性气候	以电暖器为主	以电力为主

欧洲地区（表3-25）：北欧挪威石油、电资源丰富，农村地区主要采用电采暖；冰岛地热资源丰富，农村地区主要采用地热采暖；瑞典的农村地区则主要以电为基本能源的热泵供暖。西欧的英国主要采取电力或天然气的独立供暖；法国以电采暖为主。南欧的意大利、葡萄牙夏季炎热、冬季相对温暖，一般采用空调供暖。东欧国家、俄罗斯夏季温度较低，冬季却非常严寒，农村远离供热管网主要以电暖器或柴炉为其主要的供暖方式。

表3-25 欧洲代表国家的气候与采暖情况示例

地区	代表国家	冬季气温	气候类型	采暖方式	能源种类
东欧	俄罗斯	莫斯科日均温度为-12~-6℃；最低日均温度为-23℃	温带大陆性湿润气候	独立供暖	电、木柴
西欧	英国	伦敦日均温度为4~9℃；最低日均温度为0℃	温带海洋性气候	独立供暖	电力、天然气
南欧	希腊	日均温度为5~13℃；最低日均温度为1℃	地中海气候	火炉烧柴取暖	燃油、木柴
北欧	瑞典	日均温度为-6~0℃；最低日均温度为-19℃	亚寒带针叶林气候、温带海洋性气候	独立供暖	电、木柴

3.5.2
技术选型的主要影响因素

根据在京津冀地区的调研结果分析，北方地区农村清洁取暖技术选型的影响因素包括地形与气候、住宅的围护结构（包括墙体的形式、是否有保温、门窗的数量和形式等）、生活方式与习惯和经济状况等。

（1）地形与气候

区域的地形地貌和海拔高程对于当地的日照、温湿度、风力方向、配套设施的建设有决定性的影响。以北京市为例，农村地形主要分为山区、半山区、平原和城乡结合部四种。一般来说山区与半山区的气温低，采暖时间长，应采用技术成熟、运行费用低、采暖效果好的采暖方式。

北京市山区的温度均比市区温度低4℃以上，调研对象门头沟区的禅房村冬季平均气温达到-26℃，空气源热泵受最低启动温度限制而无法使用，因此该地区采用的是地源热泵采暖，其他调研山区村则使用空气源热泵和蓄热式电暖器采暖方式，但蓄热式电暖器实际使用效果较差；北京市半山区的温度与市区相近或比市区低2~3℃，调研村选择的采暖技术有空气源热泵、蓄热式电暖器、燃气采暖。

（2）住宅围护结构

住宅围护结构主要包括住宅的面积、墙体形式和墙体的保温情况等，这些因素都会对冬季的采暖方式、采暖效果产生影响。

调研中发现，在调研的6区县16个村6574户中，住宅的面积100m^2以内的占55.8%，100~200m^2占39.5%；住宅的墙体主要有三七墙和二四墙两种形式，占比分别为69.8%和27.9%；部分住户对墙体进行了保温改造，占调研总数的65.1%。北京市2006年开始农村住宅节能保温改造，提出改造房屋基本满足《民用建筑节能设计标准（采暖居住建筑部分）》（DBJ/01-602—97）中围护结构保温做法。根据农村住宅围护结构水平，未改造建筑单位面积采暖季累计热负荷241kW·h/m^2，按要求改造后应达到106kW·h/m^2，改造后能耗下降56%，节能效果明显。

（3）生活方式与习惯

暖通设计标准中对于冬季采暖室内温度的规定在18~22℃，但由于农村地区居民的生活方式与习惯不同，不同的用户使用情况差别较大。

由调研结果统计来看，室内温度在15~20℃的用户占到全部用户的30.2%，室内温度在20~23℃的用户占比为67.4%，仅有一户居民将室内温度设定到25~26℃。

此外，由于各住户的情况不同，采暖设备的开放时间也不同。选择全天开放的用户有 51.2%，选择白天调低、晚上开大的用户占到 32.6%，而选择白天不开、晚上打开的用户有 7.0%，还有 9.3% 的用户选择需要使用时才打开。

用户使用时调节的室内温度与采暖设备的开放时间对采暖方式和采暖费用有很大的影响，根据调研结果，按用户的生活方式与习惯分为三类家庭：

① 家中有老人、小孩的用户：一般会采取较高的采暖温度，并保持采暖设备全天开放。该类用户更倾向于选择运行费用低、供暖效果好的采暖设备，如空气源热泵采暖、燃气采暖。

② 普通家庭，家中无老人和小孩的用户：由于白天家中人少，一般会选择将温度调低或者关闭采暖，晚上有人时则正常使用。该类用户一般更倾向于选择调节灵活、可分室控制、运行费用低的采暖设备，如空气源热泵和蓄能式电暖器采暖。

③ 冬天不在本地居住的用户：选择随用随开。该类用户一般选择投资低、灵活控制的设备，如电暖器。

（4）经济状况

人均收入对清洁取暖设备选型及正常使用意愿具有重大影响，前期选型过程中应充分考虑用户的收入水平和支付能力。

4

清洁取暖
补贴规模测算

4.1 各地现行清洁取暖补贴标准
4.2 户均改造投入测算
4.3 清洁取暖目标用户测算
4.4 现行补贴标准下清洁取暖改造投资测算
4.5 近期北方农村地区清洁取暖改造补贴投资测算

据估计,若北方农村地区全部实现清洁取暖,将减少散烧煤约 2 亿吨,减少排放二氧化硫 170.73 万吨,氮氧化物 42.68 万吨,烟尘 115.85 万吨,$PM_{2.5}$ 54.88 万吨。可以说,推进农村清洁取暖改造工作,是减少冬季取暖燃煤消耗、改善空气质量的重要环保和民生工程。目前我国清洁取暖试点工作刚刚开展,还存在着许多问题,如清洁取暖改造项目的一次建设成本较高、用户对清洁取暖的接受度不高,电价/燃气价格偏高等。作为在北方地区清洁取暖改造工作的先驱者,京津冀大气污染传输通道城市(以下简称"2+26"城市)的清洁取暖改造经验及其财政补贴政策的制定对北方地区推进清洁取暖改造起着重要的示范作用。本章以 4 个"2+26"城市作为研究样本区,从居民清洁取暖支付意愿以及政府的财政支付能力、居民取暖成本变化情况等多个角度评价其现有清洁取暖财政补贴,并提出相应的政策建议,为后续城市开展清洁取暖工作提供财政补贴政策的优化提供借鉴。

4.1 各地现行清洁取暖补贴标准

2017 年 5 月,财政部、住房城乡建设部、环境保护部、国家能源局等四部委联合发布《关于开展中央财政支持北方地区冬季清洁取暖试点工作的通知》,明确中央财政支持北方地区冬季清洁取暖试点工作。重点支持京津冀及周边地区大气污染传输通道"2+26"城市,并通过竞争性评审确定首批 12 个试点城市(天津、石家庄、唐山、保定、廊坊、衡水、太原、济南、郑州、开封、鹤壁、新乡)。试点示范期为三年,直辖市每年安排 10 亿元,省会城市每年安排 7 亿元,地级城市每年安排 5 亿元。

2018 年 7 月,财政部、生态环境部、住房城乡建设部、国家能源局联合下发《关于扩大中央财政支持北方地区冬季清洁取暖城市试点的通知》。试点范围扩展至京津冀及周边地区大气污染防治传输通道"2+26"城市、张家口市和汾渭平原城市。第二批 23 个城市:邯郸、邢台、张家口、沧州、阳泉、长治、晋城、晋中、运城、临汾、吕梁、淄博、济宁、滨州、德州、聊城、菏泽、洛阳、安阳、焦作、濮阳、西安、咸阳。对于纳入试点范围的城市，中央财政每年安排定额奖补资金，"2+26"城市奖补标准按照去年通知执行，张家口市比照"2+26"城市标准，每年5亿元，汾渭平原原则上每市每年奖补3亿元。

中央清洁取暖补助资金主要用于"热源侧"和"用户侧"两方面。在热源侧，重点围绕解决散煤燃烧问题，按照"宜气则气，宜电则电，宜煤则煤，宜油则油，宜热则热""以气定改""先立后破"原则，推进燃煤供暖设施清洁化改造，包括清洁燃煤集中供暖、煤改气、煤改电、热泵供暖、地热供暖、生物质供暖、太阳能供暖、工业余热供暖等等清洁取暖模式。在用户侧，推进用户端建筑能效提升，严格执行建筑节能标准，实施既有建筑节能改造，积极推动超低能耗建筑建设，推进供热计量收费。

2019年7月，财政部关于下达2019年度大气污染防治资金预算的通知，清洁取暖试点再次扩围，试点总计43个城市，覆盖27个京津冀大气污染传输通道"2+26"城市（不含北京）、11个汾渭平原城市。

2017年，中央财政奖补资金投入60亿元，12个试点城市地方政府共投入226.29亿元（含省级补助资金）；2018年，试点城市扩大到35个，中央财政奖补资金投入139.2亿元，35个试点城市共投入328.8亿元（含省级补助资金）。2019年，试点城市扩大到43个，中央财政奖补资金达152亿元。

从目前清洁取暖试点的实际投入来看，补贴的内容主要包括"煤改气""煤改电"、可再生能源供暖以及建筑节能改造的一次投入和运行补贴。部分地区对低收入家庭的取暖支出进行补贴。

清洁取暖工程是一个庞大的政府工程，更是一个重要的民生工程。在此工程中，能够产生巨大的环境效益，但是由于其高投资和外部性，若全部由市场推动，则工程进度将非常缓慢，因此需要政府的干预。表4-1是各级政府清洁取暖支持政策的部分汇总，从文件数量来看，各级政府对清洁取暖改造的重视程度非常高，从文件内容看，除提出明确改造计划外，各级政府主要通过价格政策、补贴政策来改变清洁取暖的相对价格，从而推动清洁取暖改造。通过对政策文件的梳理和提取，形成各地清洁取暖补贴标准汇总表。鉴于部分省内各市补贴标准不一，为方便统计，本部分取已公布的最高补贴标准。

表4-1 各级政府清洁取暖支持政策部分汇总

政策名称	发布单位	发布时间
国家层面		
打赢蓝天保卫战三年行动计划	国务院	2018年6月27日
关于开展中央财政支持北方地区冬季清洁取暖试点工作的通知	财政部、住房城乡建设部、环境保护部、国家能源局	2017年5月16日
北方地区清洁供暖价格政策意见	国家发展改革委	2017年9月19日
汾渭平原2018—2019年秋冬季大气污染综合治理攻坚行动方案	生态环境部	2018年10月23日
省市层面		
2018年北京市农村地区村庄冬季清洁取暖工作方案	北京市人民政府办公厅	2018年4月14日
关于本市清洁采暖用电用气价格的通知	北京市发展和改革委员会	2017年11月2日
天津市2017—2018年秋冬季大气污染综合治理攻坚行动方案	天津市人民政府	2017年8月25日
天津市居民冬季清洁取暖工作方案	天津市人民政府	2017年11月21日
关于加快实施保定廊坊禁煤区电代煤和气代煤的指导意见	河北省人民政府	2016年9月23日
关于清洁供暖有关价格政策的通知	河北省发展和改革委员会	2017年10月27日
关于转发《国家发展改革委关于印发北方地区清洁供暖价格政策意见的通知》的通知	河南省发展和改革委员会	2017年10月25日
河南省2018年大气污染防治攻坚战实施方案	河南省人民政府	2018年2月6日
河南省电能替代工作实施方案（2016—2020年）	河南省发改委等	2016年8月18日
河南省天然气替代煤专项方案（2016—2020年）	河南省发改委	2016年9月7日
关于居民峰谷分时电价政策有关事项的通知	山东省物价局	2017年10月31日
山东省农村地区散煤清洁化治理行动方案	山东省人民政府	2016年8月1日
山东省落实《京津冀及周边地区2017—2018年秋冬季大气污染综合治理攻坚行动方案》实施细则	山东省人民政府	2017年9月26日
山东省7个传输通道城市清洁采暖气代煤电代煤工作实施方案	山东省住房和城乡建设厅	2017年9月30日
关于我省2018—2019年采暖季"煤改电"用电价格及有关事项的通知	山西省发展和改革委员会	2018年10月30日
关于推进城乡采暖"煤改电"试点工作实施方案的通知	山西省人民政府	2016年4月26日

续表

政策名称	发布单位	发布时间
关中地区散煤治理行动方案（2019—2020年）	陕西省人民政府	2019年4月11日
吕梁市2018年清洁取暖改造工作方案	吕梁市人民政府办公厅	2018年5月14日
临汾市2018年冬季清洁取暖实施方案	临汾市人民政府办公厅	2018年5月15日
运城市2018年冬季取暖"煤改气""煤改电"行动方案	运城市人民政府	2018年6月6日
关于进一步明确我省清洁供暖价格政策有关问题的通知	吉林省物价局	2018年2月23日

表4-2 各省市电能替代民用散煤补贴标准汇总

地区	设备补贴	用电补贴
北京	蓄能类电取暖设备每户最高补贴5940元，热泵类电取暖设备每户最高补贴24000元	谷段用电补贴0.2元/度，农户负担0.1元/度，每个采暖季每户最高补贴2000元
天津	蓄能式电暖器或直热式电暖器每户最高补贴4200元，空气源热泵每户最高补贴32000元/户	采暖期用电补贴0.2元/度，每个采暖季每户最高补贴1600元
河北	设备购置安装（含户内线路改造）投资补贴85%，每户最高7400元	采暖期用电补贴0.2元/度，每个采暖季每户最高补贴2000元
山东	蓄热式电采暖补贴85%，每户最高5700元	采暖期用电补贴0.2元/度，每个采暖季每户最高补贴1200元
山西	空气源热泵补贴94%，最高不超过2.74万元/户；高效电锅炉、蓄热式电暖气和热库补贴89%，最高不超过1.44万元/户	采暖期用电补贴0.2元/度，每个采暖季每户最高补贴2400元
河南	给予"电代煤"设备购置补贴，每户最高不超过3500元	采暖期用电补贴0.3元/度，每个采暖季每户最高补贴900元
陕西	购买电取暖设备费用给予一次性财政补贴，补贴比例为费用总额的60%，每户最高补贴3000元	采暖期用电补贴0.25元/度，每个采暖季每户最高补贴1000元

表4-3 各省市天然气替代民用散煤补贴标准汇总

地区	设备等补贴	燃气补贴
北京	住户取暖终端设备由市财政按照购置价格的1/3进行补贴，补贴金额最高2200元，区财政可在此基础上自行制定补贴标准。市、区二级财政对壁挂炉设备购置费用补贴90%，最高补贴8100元	市财政燃气补贴0.38元/m³，补贴上限820m³，最高补贴311.6元，补贴形式为等值气量补贴，在此基础上根据用气量，区财政再对居民进一步补贴。每户最高补贴2100元，两项合计最高补贴2411元

续表

地区	设备等补贴	燃气补贴
天津	户内取暖设施燃气壁挂炉购置安装，最高投入6200元/户，每户发放户内取暖用暖气片补贴1500元，由区财政负担	采暖期不再执行阶梯气价，给予1元/m³的气价补贴，每户最高补贴气量1200m³
河北	按户燃气设备购置安装投资的70%给予补贴，每户最高补贴金额不超过2700元。给予建设村内入户管线户均最高4000元投资补助	给予采暖用气1元/m³的气价补贴，每户每年最高补贴气量1200m³
山东	设备购置补贴2000元/户，其他配套设施[如村（居）内管网建设、户内燃气计量表、燃气泄漏报警切断装置、灶前阀等]安装补贴3000元/户	给予采暖用气1元/m³的气价补贴，每户每年最高补贴气量1200m³，用气不足1200m³的据实补贴
山西	补贴居民壁挂炉购置费用5000元/户。减免居民燃气工程费3000元/户	每个采暖期对每户补贴燃气费用2400元。居民清洁供暖用气执行居民用气价格，不执行阶梯气价
河南	每户最高燃气设备购置补贴不超过3500元	采暖用气1元/m³的气价补贴，每户每个采暖季最高补贴气量900m³
陕西	按户燃气设备购置安装投资的60%给予补贴，每户最高补贴金额不超过3000元	采暖用气补贴1元/m³，每户最高补贴1000m³

（1）煤改气补贴

35个试点城市均出台了明确的"煤改气"补贴政策，包括设备购置补贴以及使用补贴。在设备购置补贴方面，补贴比例普遍在50%以上，最高补贴上限为2000~8000元，各城市差异比较大，详见表4-4。此外，大部分试点城市制定了阶梯价格和峰谷价格优惠政策。阶梯气价方面，天津等城市取消了"煤改气"用户采暖季阶梯气价，部分城市增加了采暖期阶梯气价一档气量，如鹤壁对"煤改气"用户增加阶梯气价一档气量100立方米。

表4-4 试点城市"煤改气"补贴标准

批次	省份	试点城市	设备补贴		运行补贴		
			设备补贴比例/%	最高补贴金额/元	气价补贴/(元/m³)	最高补贴量/m³	最高补贴价/(元/户)
第一批		天津	—	6200	1.2	1000	1200
	河北	石家庄	70	2700	1.4	1200	1680
		唐山	70	2700	1	1200	1200

续表

批次	省份	试点城市	设备补贴		运行补贴		
			设备补贴比例/%	最高补贴金额/元	气价补贴/(元/m³)	最高补贴量/m³	最高补贴价/(元/户)
第一批	河北	保定	70	2700	1	1200	1200
		廊坊	70	2700	1	1200	1200
		衡水	70	2700	1	1200	1200
	山西	太原	补贴1台26kW及以下的燃气壁挂炉		1.1	2182	2400
	山东	济南	—	2000	1	1200	1200
	河南	郑州	100	3500	1	600	600
		开封	70	2000	1	900	900
		鹤壁	50	2500①	1	600	600
		新乡	70	3500	1	600	600
第二批	河北	邯郸	70	2700	0.8	1200	960
		邢台	70	2700	0.8	1200	960
		张家口	70	2700	0.8	1200	960
		沧州	70	2700	0.8	1200	960
	山西	阳泉		2000	0.5	900	450
		长治		3000			2400
		晋城	最高6500				
		晋中		4000	1	1120	1120
		运城	一次性补贴2000元				
		临汾		7500	1	900	900
		吕梁		8000	1	2400	2400
	山东	淄博		2700			1200
		济宁	80	最高6000元			
		滨州		5000	1	1200	1200
		德州		4000			1000
		聊城		5000			1000
		菏泽		4000	1	1000	1000
	河南	洛阳	50	2000			400
		安阳	60	3500	1	600	600
		焦作		4500	—	—	—

续表

批次	省份	试点城市	设备补贴		运行补贴		
			设备补贴比例/%	最高补贴金额/元	气价补贴/(元/m³)	最高补贴量/m³	最高补贴价/(元/户)
第二批	河南	濮阳	70	3500	—	—	—
	陕西	西安	60	3000	1	1000	1000
		咸阳		5000	—	—	—

① 根据2018年4月鹤壁市印发的《鹤壁市清洁取暖试点城市示范项目资金奖补政策》，在热源侧方面，农村热源测清洁化改造中财政补助标准为3000~6000元/户，居民承担1000~2500元/户，其中低温空气源热风机补助标准为3000~6000元/户，居民承担1100或2500元/户。

（2）煤改电补贴

35个试点城市均出台了明确的"煤改电"补贴政策（表4-5），包括设备购置补贴以及使用补贴。在设备购置补贴方面，"煤改电"设备补贴比例普遍在50%以上，最高补贴额为2000~27000元；在运行补贴方面，电价补贴为0.1~0.3元/千瓦时，最高额400~2400元，第二批试点城市的焦作、濮阳、咸阳均制定了"不补运行费用"的政策，第一批试点城市的鹤壁从示范第二年起也不再对运行费用进行补贴。

此外，大部分试点城市制定了阶梯价格和峰谷价格优惠政策。在阶梯电价的基础上，12个试点城市在采暖季均叠加了峰谷电价，除河南各市外，均适当延长了谷段时间（不超过2小时）；太原市扩大销售侧峰谷电价差，将谷段价格下调了0.03元/千瓦时。

表4-5 试点城市"煤改电"补贴标准

批次	省份	试点城市/项目	设备补贴		运行补贴		
			补贴比例/%	最高补贴额/(元/户)	电价补贴/(元/千瓦时)	最高补贴量/(千瓦时)	最高补贴价/(元/户)
第一批	天津	空气源热泵	—	25000	0.2	8000	1600
		蓄热式电暖器	2/3	4400	0.2	8000	1600
		直热式电暖器	2/3	—	0.2	8000	1600

续表

批次	省份	试点城市/项目	设备补贴		运行补贴		
			补贴比例/%	最高补贴额/(元/户)	电价补贴/(元/千瓦时)	最高补贴量/(千瓦时)	最高补贴价/(元/户)
第一批	河北	石家庄	85	7400	0.2	10000	2000
		唐山	85	7400	0.2	10000	2000
		保定	85	7400	0.2	10000	2000
		廊坊	85	7400	0.2	10000	2000
		衡水	85	7400	0.2	10000	2000
	山西	太原 空气源热泵	93	27000	0.2	12000	2400
		太原 蓄热式电暖器	88	14000	0.2	12000	2400
	山东	济南		2000	0.2	6000	1200
	河南	郑州	100	3500	0.2	3000	600
		开封	70	2000	0.3	3000	900
		鹤壁	50	2500①	0.2	3000	600
		新乡	70	3500	0.2	2100	420
第二批	河北	邯郸	85	7400	0.12	10000	1200
		邢台	85	7400	0.12	10000	1200
		张家口	85	7400	0.12	10000	1200
		沧州	85	7400	0.12	10000	1200
	山西	阳泉		2500	0.1	10000	1200
		长治		20000	0.2	12000	2400
		晋城	最高6500元				
		晋中	无				
		运城	一次性补贴2000元				
		临汾		10500	0.18	5556	1000
		吕梁		24000			2000
	山东	淄博		5700			1200
		济宁	80	最高5000元			

4 清洁取暖补贴规模测算

续表

批次	省份	试点城市/项目	设备补贴		运行补贴		
			补贴比例/%	最高补贴额/(元/户)	电价补贴/(元/千瓦时)	最高补贴量/(千瓦时)	最高补贴价/(元/户)
第二批	山东	滨州		4600	0.2	6000	1200
		德州		4000			1000
		聊城		6500			1000
		菏泽		4000			1000
	河南	洛阳	50	2000			400
		安阳	60	3500	0.2	3000	600
		焦作		4500	—	—	—
		濮阳	70	3500			
	陕西	西安	60	3000	0.25	4000	1000
		咸阳		5000	—	—	—

① 2018年4月鹤壁市印发的《鹤壁市清洁取暖试点城市示范项目资金奖补政策》，在热源侧方面，农村热源测清洁化改造中财政补助标准为3000~6000元/户，居民承担1000~2500元/户，其中低温空气源热风机补贴标准为3000~6000元/户，居民承担1100或2500元/户。

（3）可再生能源供暖补贴

在35个试点城市中，天津、邯郸和沧州等城市明确指出可再生能源供热补贴主要参考"煤改气"或"煤改电"补贴政策。石家庄、衡水、太原、郑州、鹤壁、菏泽、洛阳、焦作、濮阳、西安、咸阳等11个试点城市制定了明确的可再生能源供热补贴政策，部分城市补贴政策如下：

石家庄市对本辖区内使用生物质成型燃料替代散煤的农户或单位，每吨给予600元补贴。

太原市对深层地热源热泵利用项目给予建设补助，补贴标准为120元/平方米，对"太阳能+热泵辅热"的供暖试点一次性建设投资给予全额补贴。

郑州市对实施区域集中供热的可再生能源采暖、多能互补采暖等清洁能源采暖工程项目给予直接建设补贴，依据可供热面积按40元/平方米给予奖补，且单个项目不超过5000万元和项目总投资的30%。

西安市为鼓励秸秆综合利用省级财政承担40%的资金补贴。

另外，部分省份出台有省级补贴政策，如河北省的太阳能取暖试点的补贴标准暂按现行的电代煤、气代煤的补贴标准执行。

（4）建筑节能改造补贴

在清洁取暖项目推进过程中，郑州、开封、鹤壁等部分试点城市重视同步推进既有建筑节能改造，制定了较为明确的既有建筑节能改造补贴政策，主要政策如下：

郑州市：居住建筑节能改造项目按照120元/平方米进行奖补，公共建筑节能改造项目按照40元/平方米进行奖补，农村既有建筑节能改造项目按照1万元/户进行奖补。

开封市：对新建农房节能实施财政补贴，按照建筑面积给予140元/平方米的标准。

鹤壁市：农村既有居住建筑能效提升改造工程，按照建筑面积，村民缴费10元/平方米，中央资金补贴70元/平方米，市级财政补贴10元/平方米，建设资金不足部分由县区财政承担，围护结构改造农民实际承担费用基本不超过1500元/户。农村既有公共建筑能效提升工程，按照建筑面积财政补贴95元/平方米，剩余部分被改造单位承担。

濮阳市：农村建筑节能改造按照每户1万元给予补贴。

西安市：居住建筑节能改造按照70元/平方米给予建设补贴。

（5）低收入家庭补贴

目前，多数试点城市针对低收入家庭给予额外补贴，例如：

鹤壁市针对"低保户"和"五保户"实施电费减免，多人口家庭每月每档电量在上述电价政策基础上可以继续增加100千瓦时。对于城镇低收入群体和农村建档立卡的贫困户，减免居民付费，相关费用由县区财政承担。

长治市低保、特困人员的改造费由市、县两级财政按1∶1的比例补贴，个人不出资。

洛阳市"特困户"和"五保户""双替代"改造后应自行承担的费用由各县（市、区）统筹解决。

太原市低保户等特殊困难群体在享受市县两级财政补贴的基础上，按照一次性投资全部免费、采暖运行费补贴适当增加的原则，由县（市、区）民政部门根据具体情况，另行制定补贴办法。

4.2 户均改造投入测算

清洁取暖费用与采暖技术、采暖面积、采暖时长、建筑节能情况等因素有关，北京节能环保中心以北京农村地区典型节能住宅为例对清洁取暖的施工及运行投资进行了估算，其计算采用的相关指标参数如表4-6所示。由于北京农村地区建筑节能改造工作起步较早，房屋保温性能较其他地区更高，因此在计算其他地区农村清洁采暖能源消耗量时，应在此标准上适当提升。根据我国建筑节能发展规划，从1986年起逐步实施节能30%、50%和65%的建筑节能设计标准，即强制要求新建节能建筑的节能量达30%、50%、65%，部分区域已开始实行75%的建筑节能标准，如北京市。和城镇建筑相比，农村建筑的节能水平较低，因此估算《北京市新能源和可再生能源技术应用评价》中采取的典型节能住宅的节能量为50%~65%，即通过技术措施，将采暖能耗从当地基准能耗的基础上节能50%~65%。而对于未经建筑节能改造的农村住宅，其节能量计为0%，即对于非节能建筑，其采暖能耗（燃料实物消耗量）比节能建筑高1~1.85倍。在后文对于清洁取暖能耗的估算中，将分别以50%和65%作为北京市典型节能住宅的节能标准，估算未经建筑节能改造的农宅清洁取暖能耗。

表4-6 北京农村地区典型节能住宅相关指标参数

指标	参数
采暖面积/m^2	91.6
采暖时长/d	120
外墙/外门/外窗/屋顶传热系数/[W/(m^2·℃)]	0.65/2.5/2.65/0.5
常压小时换气次数/h^{-1}	0.5
采暖季累计热负荷/(kW·h)	9864
采暖季设计热负荷/W	4910
采暖季累计热负荷指标/(kW·h/m^2)	106.59
建筑物耗热量指标/(W/m^2)	36

4.2.1 施工阶段投资

施工阶段的投资主要包含设备投资和配套基础设施两部分，其中设备投资主要指采暖技术的供热热源设备、各类辅助设备、管路系统及供热末端等部分的投资。配套基础设施投资主要指在清洁能源采暖技术使用过程中，为满足其安装、运行条件，进行配套的燃气管线、电力设施增容等建设所投入的费用。

参照《北京市新能源和可再生能源技术应用评价》，采用不同的清洁取暖方式会产生不同的成本，目前广泛推行的还是电代煤和气代煤两种方式，其中电代煤的主要应用形式有空气源热泵、蓄能电锅炉、蓄热式电采暖器三种，各类设备投资及其配套设施投资见表4-7。

表4-7 主要清洁取暖方式设备投资及配套设施投资情况

清洁取暖应用类型	设备投资/（元/户）	配套设施投资/（元/平方米）
空气源热泵	30390	410
蓄能电锅炉	25007	410
蓄热式电采暖器	8200	410
燃气壁挂炉	15368	350

4.2.2 运行阶段

运行阶段所产生的费用主要包括热源消耗燃料费用、系统辅助设备的耗能产生的费用、折旧与检修费三个部分。其中，热源消耗燃料费用包括燃气锅炉的耗气量、电采暖及热泵的耗电量、煤炉具的耗煤量等费用；系统辅助设备的耗能产生的费用包括水泵、燃气锅炉等设备运行的耗水、耗电量；维检费指根据供暖系统中产品、配件等进行系统年维护的成本，包含维护材料费、人工费。本书维检费按设备初投资的1.5%估算。此外，运行费用还应包括设备的折旧费，即依据设备使用年限及初始费用计算得出的年均折旧费用，考虑到目前大部分清洁取暖设备的设计使用年限均在 10~20 年之间，时间跨度较大，而清洁取暖技术正处于快速更新阶段，未来设备折旧后成本的变化情况尚难以预测，因此本书中暂不计算该部分费用。估算的各类技术运行能源消耗量及维检费用见表 4-8。表中，低值、中值、高值分别代表节能建筑、以 50% 为节能建筑标准的非节能建筑、以 65% 为节能建筑标准的非节能建筑所对应的相关参数。

表 4-8　各类技术运行能源消耗量及维检费用

清洁取暖应用类型	燃料实物消耗量 /（kW·h/a）			辅助设施实物耗量 /（kW·h/a）	单位面积燃料消耗量 /[kW·h/(m²·a)]			维检费 /（元/a）
	低值	中值	高值		低值	中值	高值	
空气源热泵	3288	6576	9394	768	35.90	71.80	102.32	455.85
蓄能电锅炉	10383	20766	29592	960	113.35	226.70	323.05	375.11
蓄热式电采暖器	10383	20766	29592	0	113.35	226.70	323.05	123.00
燃气壁挂炉	1160 m³/a	2341 m³/a	3307 m³/a	768	12.67 m³/a	25.34 m³/a	36.11 m³/a	230.52

4.3 清洁取暖目标用户测算

根据《北方地区冬季清洁取暖规划（2017—2021 年）》，到 2019 年，北方地区清洁取暖率将达到 50%，替代散烧煤 7400 万吨。到 2021 年，北方地区清洁取暖率达 70%，替代散烧煤 1.5 亿吨。在"2+26"重点城市形成天然气与电供暖等替代散烧煤的清洁取暖基本格局，2019 年，在农村地区达到 40% 以上的清洁取暖率，2021 年，农村地区清洁取暖率达 60% 以上。对于"2+26"城市以外的农村地区，优先利用地热、生物质、太阳能等多种清洁能源供暖，有条件的发展天然气或电供暖，适当利用集中供暖延伸覆盖。2019 年，清洁取暖率达 20%，2021 年，清洁取暖率达到 40% 以上。

根据《规划》中对于不同类型地区清洁取暖率的规划情况，结合各省农村人口数及户均人数（2017年），可分别计算各省市近期农村清洁取暖改造户数目标情况（表4-9）。对于提前超额完成目标用户量的城市，以已完成改造的用户量为准。

2019年北方地区农村清洁取暖改造目标为2546.8万户，2021年为4251.1万户。至于各省市中气代煤和电代煤用户的比例，《规划》中并无相关规定，因此用天然气供暖和电供暖面积发展目标之比近似估算。

表4-9 各地区近期农村清洁取暖改造目标

地区	2019年清洁取暖改造目标/万户			2021年清洁取暖改造目标/万户		
	电代煤	气代煤	合计	电代煤	气代煤	合计
北京市	68.1	16.1	84.7	68.1	16.1	84.7
天津市	54.2	69.0	123.2	54.2	69.0	123.2
河北省	336.7	447.7	784.4	511.5	680.3	1191.8
山东省	167.0	222.2	389.2	280.9	373.6	654.5
山西省	89.4	118.8	208.2	160.9	213.9	374.8
河南省	167.3	222.5	389.8	295.1	392.4	687.5
其他北方城市	243.5	323.8	567.3	487.0	647.6	1134.6
合计	1126.2	1420.1	2546.8	1857.7	2392.9	4251.1

4.4 现行补贴标准下清洁取暖改造投资测算

根据前文对户均清洁取暖改造投资的测算情况，以及各城市已确定的补贴标准，可对比得出不同地区对于煤改电、煤改气改造工程的户均实际投入水平，将其与各城市煤改电、煤改气工程完成情况结合，可计算出2018年各城市用于设备补贴及运行补贴的总投资情况。由于除"2+26"城市以外的其他北方城市清洁取暖改造起步较晚，各城市并未全部制定本城市的清洁取暖补贴标准，且目前改造完成量也较小,因此本部分仅计算"2+26"城市的清洁取暖补贴实际投入水平(表 4-10)及补贴总投资情况(表 4-11)。计算结果显示,对于各城市 2018 年新增的农村煤改气、煤改电用户,各省市设备补贴投资在 129.0 亿元至 165.0 亿元之间,其中,燃气设备总投资 62.1 亿元,电采暖设备根据类型的不同所需总投资也不同,若全部使用热泵类设备,则共需要设备补贴 102.9 亿元,若全部采用蓄能类设备或其他电采暖设备,则共需设备补贴 66.9 亿元。对于管网建设的补贴,目前只对天然气管网、接驳有补贴,所需补贴总额 71.4 亿元。

运行补贴方面,各城市不仅需对 2018 年新增用户进行补贴,还需发放 2017 年及以前完成的清洁取暖费用补贴,经测算,若全部以北京地区典型节能建筑为标准,且在电采暖地区全部选择热泵类设备,"2+26"城市在 2018 年共需发放清洁取暖运行补贴 100.3 亿元,其中电代煤运行补贴 26.8 亿元,气代煤运行补贴 73.4 亿元。若无保温措施,且以蓄能类设备作为电采暖技术路径,则供需发放清洁取暖运行补贴 123.9 亿元,其中电代煤运行补贴 46.3 亿元,气代煤运行补贴 77.6 亿元。分地区、分项目补贴额情况见表 4-12。

表4-10 清洁取暖户均实际补贴　　　　　　　　　　单位:元

补贴类型			北京	天津	河北	山东	山西	河南
设备补贴	热泵类		24000	30390	7400	5700	27400	3500
	蓄能类		5940	4200	7400	5700	14400	3500
	燃气类		8100	7700	2700	2000	5000	3500
天然气管网、接驳补贴			9000	1500	4000	3000	3000	—
运行补贴	天然气	低值	1876	1200	1200	1200	2062	900
		中值	2699	1200	1200	1200	2865	900
		高值	2699	1200	1200	1200	2865	900
	热泵	低值	862	862	862	862	862	900
		中值	1723	1600	1723	1200	1723	900
		高值	2000	1600	2000	1200	2400	900
	蓄能式电取暖设备	低值	2000	1600	2000	1200	2400	900
		中值	2000	1600	2000	1200	2400	900
		高值	2000	1600	2000	1200	2400	900

表4-11　2018年新增清洁取暖改造用户施工阶段补贴总额　　　　　　　单位：亿元

地区	设备补贴			天然气管网、接驳补贴
	热泵类	蓄能类	燃气类	
北京	30.0	7.4	2.0	2.3
天津	10.9	1.5	11.6	2.3
河北省	22.1	22.1	38.4	56.9
山东省	7.3	7.3	4.8	7.2
山西省	8.5	4.4	4.6	2.7
河南省	24.2	24.2	0.7	0.0
合计	130.0	66.9	62.1	71.4

表4-12　2018年清洁取暖运行补贴总额　　　　　　　单位：亿元

地区	天然气			热泵			蓄能式电取暖设备
	低值	中值	高值	低值	中值	高值	
北京	3.0	4.3	4.3	5.9	11.8	13.7	13.7
天津	8.3	8.3	8.3	4.7	8.7	8.7	8.7
河北省	44.9	44.9	44.9	4.5	8.9	10.4	10.4
山东省	8.6	8.6	8.6	1.9	2.6	2.6	2.6
山西省	7.2	10.0	10.0	0.6	1.1	1.5	1.5
河南省	1.4	1.4	1.4	9.4	9.4	9.4	9.4
合计	73.4	77.5	77.5	27.0	42.5	46.3	46.3

综合计算设备补贴、天然气管网、接驳补贴和运行补贴，2018年，"2+26"城市清洁取暖工程总补贴额在320.1亿～360.3亿元。在现行补贴标准下，补贴额的差异主要来源于所选择的电采暖技术路径和房屋是否进行了节能改造两方面。蓄能类电采暖在2018年的前期改造投资约66.9亿元，房屋是否经过节能改造对须发放的电采暖运行补贴并无影响，因为蓄能类电采暖运行的最低耗电量已达各地所制定的电采暖补贴最高标准，即46.3亿元。而热泵类电采暖的前期改造投资约102.9亿元，若无房屋节能改造每年运行补贴约42.5亿～46.3亿元，节能改造后每年运行补贴为26.8亿元。

从补贴资金来源看，中央财政会对清洁取暖试点城市提供部分资金支持，根据财政部等多部门联合发布的《关于开展中央财政支持北方地区冬季清洁取暖试点工作的通知》，直辖市每年安排10亿元，省会城市每年安排7亿元，地级城市每年安排5亿元，除北京市外，其余"2+26"城市均在试点城市名单之列，

4　清洁取暖补贴规模测算

2018年共可获得148亿元的资金支持,若这部分资金全部用于发放农村清洁取暖补贴,则可减少地方清洁取暖补贴资金压力41%以上,这对地方财政意义重大。但实际上这部分资金的支持项目还包括取暖用燃煤小锅炉整治、用户端建筑节能改造、超低能耗建筑建设等,各城市所需的清洁取暖补贴总投资额在172.1亿元以上。对于剩余的资金缺口,除河北省部分城市存在省、市、县三级补贴外,其他各地通常由省、市二级财政或市、县(区)二级财政按一定比例分担,补贴资金可能会对地方财政造成较大压力。

4.5 近期北方农村地区清洁取暖改造补贴投资测算

鉴于现阶段清洁取暖的成本与居民的实际支付能力或承受能力存在较大差距,财政补贴是推行清洁取暖的必要手段。由于各地清洁取暖改造进度及补贴标准不一,而"2+26"城市作为北方地区清洁取暖改造的先行区域,其财政支持政策对于其他北方城市的政策制定具有一定的参考价值。本节以前文梳理的"2+26"城市各项补贴标准的中位数为补贴依据,计算北方农村地区清洁取暖目标用户量水平下的补贴总投资额。

2019年北方农村地区清洁取暖改造目标为2546.8万户,2021年为4251.1万户,所需各类补贴的投资额如表4-13所示,若全部使用蓄能类设备作为电取暖方式,至2019年,北方地区一共需要设备、管网等一次性补贴2150.37亿元,年运行补贴373.13亿元,2021年需设备、管网等一次性补贴3115.15亿元,年运行补贴621.53亿元。若使用热泵类设备作为电取暖方式,则2019年和2021年的前期一次性补贴投入各需提高1112.69亿元、1835.41亿元,而在不进行农居节能改造的情况下,热泵类清洁取暖的年运行补贴与蓄能类设备持平或略低,在进行农居节能改造后,2019年的清洁取暖年运行补贴将降低90.10至105.68亿元,2021年的年运行补贴将降低148.62至174.33亿元。在不考虑贴现率的情况下，采用热泵类设备所节省的运行补贴最短能在运行 11 年后弥补其所需的前期一次性补贴的提高。

由"2+26"城市清洁取暖补贴资金需求量的测算结果可知，在推进清洁取暖改造的过程中，中央财政的支持对于减轻地方财政资金压力具有重要意义。在整个北方地区，目前中央财政每年拨付至清洁取暖试点城市的奖补资金合计 168 亿元，试点示范期为三年，三年累计奖补资金 504 亿元，覆盖 2019 年北方农村地区清洁取暖改造各项补贴所需投资总额的 14.5%至 20.0%。随着改造范围的扩大，地方财政的资金压力也将继续扩大，中央财政的支持范围和力度也应有所提升。

表4-13　近期北方农村地区清洁取暖改造各项补贴投资

补贴项目		2019 年	2021 年
设备补贴	热泵类	1768.134	2916.589
	蓄能类	655.448	1081.181
	燃气类	603.543	1016.983
年运行补贴	热泵类-低值	97.033	160.059
	热泵类-中值	187.129	308.675
	热泵类-高值	202.716	334.386
	蓄能类	202.716	334.386
	燃气类	170.412	287.148
管网、接驳补贴	燃气类	891.38	1016.983

5 清洁取暖支付意愿及影响因素分析

5.1 家庭能源消费影响因素研究进展
5.2 数据来源及调查方法
5.3 样本描述性统计
5.4 支付意愿水平测算
5.5 支付意愿的影响因素分析

试图分别从财政补贴政策的主体（政府）和政策客体（农户）的角度出发，评价现行的财政补贴政策。在实地调查部分，本书选取北京市、河北保定市、山西太原市和山西晋城市四个城市作为样本区。首先，北京市自 2013 年起就正式启动了农村地区"减煤换煤清洁空气"专项行动，其农村清洁取暖改造起步早，实施经验丰富。保定市、太原市、晋城市均为清洁取暖改造试点城市，是北方农村地区清洁取暖的先驱者和示范者，其清洁取暖改造经验对其他北方城市有着重要的借鉴作用。在资源禀赋、经济水平等方面，北京和河北属于非资源型城市的代表，京郊地区代表大城市边缘农村，河北保定农村地区则是环京津贫困带农村地区的代表。山西省作为煤炭资源型城市集聚地之一，其农户对传统能源的依赖度较高，因此选择太原市和晋城市农村地区分别作为资源型城市经济水平较高和较低的农村地区代表。综合以上原因，选择这四个城市作为研究对象具有一定的合理性。通过在研究区开展问卷调查，利用 CVM 估算农户为清洁取暖愿意支付的价格及其影响因素，以此为依据作为引导农户持续使用清洁取暖的标准，为政府制定高效的清洁取暖补贴水平提供参考。综合分析政府清洁取暖财政补贴的支付能力和农户的经济承受能力，对现行财政补贴政策提出优化建议。

5.1
家庭能源消费影响因素研究进展

早期国内外对于财政政策对家庭能源消费影响的研究较少，而更多的是关注经济收入、家庭特征、主观心理等因素对家庭能源消费的影响，随着研究的慢慢深入，政策因素开始被纳入考核指标，但大多是基于定性分析的角度对政策的影响效果进行描述。学者们以不同的城市为研究区，研究能源强度与家庭面积、住房类型、人口数、家庭成员的收入、电费计价规则、对节能产品的接受度、居民对电器的了解程度等因素的关系。从相关研究结果中可见，目前家庭能源消费影响因素中，出现频次较高的有家庭人口数、家庭收入、节能意识等，对于财政补贴的量化研究则比较缺失。

在人力物力及财力资源有限的情况下，政府可以对农户加以引导，使农户形成清洁取暖习惯，从而推进农村清洁取暖。而采用何种引导方式、确定何种补贴水平则成为农村清洁取暖推进的重要影响因素。本章选取北京市、河北保定市、山西太原市和山西晋城市四个城市作为样本区。通过问卷调查，利用CVM估算农户为清洁取暖愿意支付的价格及其影响因素，以此为依据作为引导农户持续使用清洁取暖的标准，为政府制定高效的清洁取暖补贴水平提供参考。

5.2 数据来源及调查方法

5.2.1 数据来源

研究所采用数据由中国环境科学研究院能源与环境经济研究室，于2018年12月至2019年2月在北京、保定、太原、晋城四地农村实地调研所得。在每个地区依据清洁取暖方式、经济发展水平的不同分别选取区县，然后随机抽取调研的村庄。由调研员通过一对一问答的形式向村民进行访问并填写问卷，从而避免由于受访者对于问卷理解上的偏差影响问卷回答的有效性和真实性。

5.2.2 调查方法

条件价值评估法（contingent valuation method，CVM）：CVM是在假想的市场条件下，通过问卷调查询问受访者为使用或者保护某种特定的环境物品或服务所愿意支付的最大金额，或因失去某种特定的环境或者服务所愿意接受的最小赔偿金额，以此计算相应环境物品或者服务的市场经济价值。CVM方法已被广泛应用于环境保护、公共物品等非使用价值的评估，在问卷设计时，通常采用开放式、投标博弈式、支付卡式和二分式引导技术。为了避免重复投标博弈可能产生的"起点偏见",本研究采用单次投标博弈法,在对受访者解释大气污染的相关知识以及清洁取暖对治理大气污染的意义后,询问受访者使用清洁取暖最高的支付意愿。由于实际取暖费用随当年气温、采暖时间变动较大,参照农户以往采暖费用的波动情况,本书将支付意愿设置为以 1000 元为初始值,1000 元为叠加间隔的选项,最高设置为 10000 元。在计算时取区间最大值为农户的清洁取暖支付意愿,即 1000 元、2000 元、3000 元……

多元线性回归分析:由于因变量的取值比较多且间隔比较均匀,因此本书将其近似作为连续变量处理。基于前文建立的农户清洁取暖支付意愿影响模型,通过问卷调查获取模型内各因素的相关数据作为自变量,建立多元线性回归方程:

$$y = f(x_1, x_2, \cdots, x_i) \tag{5-1}$$

式中　　y——因变量,农户清洁取暖支付意愿;

$x_1, x_2, \cdots, x_i$——自变量,农户清洁取暖支付意愿影响因素,如清洁取暖认知程度、补贴政策满意程度等。

5.2.3
问卷设计及变量选取

影响农户清洁取暖支付意愿的因素有很多,基于前文构建的农户清洁取暖支付意愿分析框架,结合前人研究以及调研地区的实际情况,本书重点关注个人及家庭特征变量、能源利用水平变量、环境关注及认同变量、补贴力度及方式满意度变量对农户支付意愿的影响 4 类变量:

(1)个人及家庭特征变量

已有研究显示,个体及家庭特征变量对农户的支付意愿有显著影响。因此,本书设置性别、年龄、受教育年限、常住人口数、家庭年收入、采暖房屋面积作为农户的个体及家庭特征变量。

(2)能源利用水平变量

根据实际经验及问卷预调研情况,居民对清洁取暖的支付意愿与其惯有的能源利用习惯有关,因此,本书设置改造前采暖费用、改造后采暖费用、采暖时长及月均电费作为测度农户能源利用水平的变量。

（3）环境关注及认同变量

农户对环境污染的担忧以及对其日常生活的影响会对农户对保护环境的产品或行为的支付意愿产生影响，因此本书设置对雾霾的关注程度、对环保知识的了解程度及居民煤炭利用对空气质量影响的认同度作为环境关注及认同变量。

（4）清洁取暖及补贴满意度变量

已有研究显示，居民对制度的信任显著增加农户参与环境治理的意愿，而清洁取暖设备的供暖效果更是直接影响农户的使用意愿，农户对清洁取暖效果、补贴力度及方式的满意将更能促进农户使用清洁取暖设备，并将其对清洁取暖的态度从被动接受转为主观认同，有利于农户采暖方式的清洁化快速转变，因此选取农户对清洁取暖效果、现行补贴标准及补贴方式的满意度考察清洁取暖及补贴满意度对农户清洁取暖意愿的影响。

以上所选取的变量及对应的赋值说明如表 5-1 所示。

表5-1 变量赋值说明

变量类型	变量名称	变量说明	变量赋值
个体及家庭基本特征	X_1	性别	1=男，0=女
	X_2	年龄	实际调查数据
	X_3	受教育年限	实际调查数据
	X_4	常住人口	实际调查数据
	X_5	家庭总年收入	实际调查数据
	X_6	采暖房屋面积	实际调查数据
	X_7	采暖能源利用类型	1=电采暖，0=天然气采暖
能源利用水平	X_8	改造前一个采暖季的采暖费用	实际调查数据
	X_9	改造后一个采暖季的采暖费用	实际调查数据
	X_{10}	采暖持续时间	实际调查数据
	X_{11}	月均电费	实际调查数据
环境关注及认同	X_{12}	对雾霾事件的关注度	1=没听说过，2=了解一些，3=比较了解，4=非常关注
	X_{13}	对环保知识的了解程度	设置 5 个环保相关问题，按答对题数衡量

续表

变量类型	变量名称	变量说明	变量赋值
环境关注及认同	X_{14}	居民煤炭利用对空气质量影响的认同	0=不知道,1=居民煤炭利用对空气质量没有影响,2=有一点影响,但不是主要原因,3=是主要原因之一,还有其他主要原因,4=是最主要的原因
清洁取暖及补贴满意度	X_{15}	对现行补贴标准的满意度	0=不知道,1=非常不满意,2=不满意,3=满意,4=非常满意
	X_{16}	对现行补贴方式的满意度	0=不知道,1=非常不满意,2=不满意,3=满意,4=非常满意
	X_{17}	对目前清洁取暖效果的满意度	0=不知道,1=非常不满意,2=不满意,3=满意,4=非常满意

5.2.4 问卷的发放与回收

调查采用分层抽样法、简单随机抽样法和系统抽样等方法,对北京、河北保定、山西太原和山西晋城四个城市进行调研,在每个城市选取2-4个已完成清洁取暖改造的自然村,各地实际调研的不同清洁取暖改造方式对应村庄数量如表5-2所示。调研人员在每个自然村随机面访居民,然后入户进行面访式调查。本次调查共发放问卷450份,回收有效问卷419份,样本有效率为93.1%。

表5-2 各地不同改造方式调研村庄数量

地区	调研电代煤村庄数量	调研气代煤村庄数量
北京	2	1
太原	1	3
晋城	1	3
保定	1	3

考虑到北京市清洁取暖改造起步早,许多问题在不断的政策完善中已得以解决,晋城市部分地区处于沁水煤田腹地,矿区附近的大多居民一直使用价格较为低廉的煤层气采暖,不存在煤改清洁能源的问题,而在主要使用煤炭供暖的区域,"双替代"改造大多在2018年才开始进行,农户处于使用清

洁取暖的第一年，对清洁取暖所产生的费用还未形成较完整的体验，因此在问卷调查时适当削减了这两个地区农户的调查量，而将调查重点放在改造完成量较大、农户已有一个取暖季以上的清洁取暖经历的太原市和保定市。最后获得的有效问卷数分别为北京市62份、太原市136份、晋城市52份、保定市159份。

5.3 样本描述性统计

5.3.1 个人及家庭基本信息

调查问卷包括性别、年龄、受教育年限、常住人口、家庭收入等受访者的基本特征（表5-3）。被调查者的平均年龄为54.9岁，从受教育年限来看，受访者大多为初中及以下文化水平，占总调查人数的84.7%，受访者的家庭人口数平均在5人左右，4~6人占60.6%。农户人均收入约8285元，平均家庭总收入为36956元，最低为3500元，最高达200000元。平均采暖房屋面积124平方米，其中1~50平方米的占7.2%，51~80平方米的占16.7%，81~120平方米的占41.1%，121~150平方米的占15.3%，150平方米以上的占19.8%。

表5-3 受访者基本特征统计

信息	区间	北京	太原	晋城	保定	合计
性别	男	42	106	18	72	238
	女	20	30	34	97	181
年龄	1~30	1	16	2	5	24
	31~40	1	18	9	24	52
	41~50	5	19	12	26	62

续表

信息	区间	北京	太原	晋城	保定	合计
年龄	51~60	27	36	19	47	129
	61~70	18	38	8	44	108
	>71	10	9	2	23	44
受教育年限	0~6	17	63	25	79	184
	7~9	33	48	19	71	171
	10~12	12	20	5	19	56
	>12	0	5	3	0	8
家庭常住人口数	1~3	34	22	15	57	128
	4~6	26	91	36	101	254
	>6	2	23	1	11	37
家庭总年收入/万元	0~2	13	33	28	49	123
	2~4	20	66	16	56	158
	4~7	19	28	7	50	104
	7~10	4	2	0	9	15
	>10	6	7	1	5	19
采暖房屋面积/平方米	1~50	2	7	5	16	30
	51~80	18	13	14	25	70
	81~120	24	51	18	79	172
	121~150	13	18	13	20	64
	>150	5	47	2	29	83

5.3.2 现行补贴政策的认知及满意度

在对当地现行清洁取暖补贴政策的居民认知度调查中，大部分受访居民对清洁取暖补贴政策有一定的了解，419位受访居民中，仅有5位表示没有听说过清洁取暖补贴，有15.0%的居民听说过清洁取暖补贴，但对于补贴的发放标准、领取方法等信息并不了解，53.9%的居民表示对补贴政策有所了解（即对于补贴的计算方法、补贴依据、补贴额度、领取方式有着部分了解），29.8%的居民表示非常了解。

进一步调查居民对补贴政策的满意情况，在了解当地补贴政策（包括有所了解和非常了解）的受访居民中，有32.8%的居民对现行补贴标准表示不满，其中1.7%的居民表示非常不满意。剩余67.2%的居民对现行补贴标准表示满意，其中9.4%的居民表示非常满意。分别统计对现行补贴标准持不同满意度的居民平均取暖开支的变化情况（表5-4），可以发现，居民清洁取暖费用的变化与居民对补贴标准满意度的变化趋势相反，清洁取暖费用越低，对补贴标准的满意度越高。持"非常不满意"态度的居民，其平均清洁取暖费用比原取暖费用上涨了227%，而对清洁取暖的支付意愿低于原取暖费用，也就是说这部分居民并不愿意为清洁取暖额外支付更多的费用，相反，他们认为清洁取暖应该比用煤炭或薪柴更便宜。持"不满意"态度居民的平均清洁取暖费用是原取暖费用的2.20倍，而其平均清洁取暖支付意愿比实际清洁取暖支出低941元，比原取暖费用高2081元，说明这部分居民愿意为清洁取暖额外支出部分费用，但是在现行补贴标准下，清洁取暖产生的费用超出其心理预期，由此产生对清洁取暖补贴标准不满意的想法。持"满意"态度的居民平均清洁取暖费用比原取暖费用高25%，比其平均支付意愿低397元，而持"非常满意"态度的居民平均清洁取暖费用比原取暖费用下降了7%，而平均支付意愿比实际清洁取暖费用高1101元。

表5-4 不同满意度居民取暖费用变化情况及清洁取暖支付意愿

态度	原取暖费用/（元/取暖季）	清洁取暖费用及变化情况/（元/取暖季）	清洁取暖支付意愿/（元/取暖季）
非常不满意	2500	8167（↑227%）	2166.7
不满意	1683	3705（↑120%）	2764
满意	2137	2666（↑25%）	3063
非常满意	2270	2111（↓7%）	3212

分地区看，太原市农村居民及北京郊区居民对现行清洁取暖补贴政策知晓度较低，分别有28.7%和21.0%的受访者表示"没听说过"或"不了解"现行的清洁取暖补贴政策，而该比例在晋城市和保定市受访者中则分别只有1.9%和8.9%。而在对现行清洁取暖补贴政策有所了解的受访居民中，晋城市受访居民

对现行清洁取暖补贴标准表示"非常满意"的比例最高,占晋城市总受访居民的17.6%,其次为太原市,占比11.3%,而保定市和北京市受访居民"非常满意"的比例分别为7.1%和4.1%。从整体满意度来看,保定市受访居民对现行清洁取暖补贴标准表示"满意"及"非常满意"的占比约76.6%,居四个城市的首位,其次为太原市,整体满意居民占比65.9%,而北京市和晋城市居民整体满意的占比分别为63.3%和50.9%。对不同地区居民取暖费用变化情况及清洁取暖支付意愿进行分类统计(表5-5),可以发现,除太原持"非常满意"意见的居民外,其他居民的清洁取暖费用比原取暖费用都有一定程度的上升,其中上升幅度最大的是晋城市和太原市持不满意意见的居民,其清洁取暖费用是原取暖费用的2.8~3.7倍不等。而对比居民清洁取暖支付意愿和取暖费用情况可见,四地区对现行补贴标准表示不满的居民,其清洁取暖费用均超出其支付意愿,超出费用从324.9元到6000元不等。而对于持"满意"及"非常满意"态度的居民而言,除太原市以外,居民的清洁取暖费用均在其支付意愿范围内,太原市持"满意"态度的居民取暖费用比其平均支付意愿高66元,超出幅度2%,可认为二者基本持平。

表5-5 分地区不同满意度居民取暖费用变化情况及清洁取暖支付意愿

单位:元/取暖季

地区	态度	原取暖费用	清洁取暖费用及变化情况	清洁取暖支付意愿
北京	非常不满意	0	0	0
	不满意	1905.6	3333.3(↑75%)	2833.3
	满意	2139.7	3052.8(↑43%)	3896.6
	非常满意	1500.0	2075.0(↑38%)	5500.0
太原	非常不满意	2500.0	8166.7(↑227%)	2166.7
	不满意	1651.9	4724.1(↑186%)	2592.6
	满意	2762.3	3386.8(↑23%)	3320.8
	非常满意	2790.9	1690.9(↓39%)	2272.7
晋城	非常不满意	0	0	0
	不满意	856.2	3164.9(↑270%)	2840.0
	满意	1455.6	2495.6(↑71%)	2823.5
	非常满意	2188.9	2355.6(↑8%)	3555.6
保定	非常不满意	0	0	0
	不满意	2169.4	3504.2(↑62%)	2805.6
	满意	1936.0	2231.2(↑15%)	2747.7
	非常满意	1954.5	2336.4(↑20%)	3454.5

调查区域目前有两种补贴领取方式：一是在补贴额度核算完毕后，以现金或打卡的形式将补贴额发放至村民，二是将补贴额度换算成对应的天然气或电量发放至居民的天然气账户或电卡中。居民对补贴领取方式的整体满意度较高（图5-1），持"非常满意"态度的占18.1%，持"满意"态度的占74.8%。持"不满意"或"非常不满意"的居民共占总体的7.2%，主要分布在太原市煤改气居民中。太原市采用的煤改气补贴发放形式是第二种，即将补贴款折算成天然气量发放至居民的天然气账户中，出现不满意见居民较多的原因可能是这种不直接由居民经手的补贴发放形式降低了部分居民对补贴的获得感，从而影响其满意度，也可能是由于居民对补贴政策不够了解造成的：持"不满意"和"非常不满意"态度的居民对补贴政策认知程度均为"部分了解"。

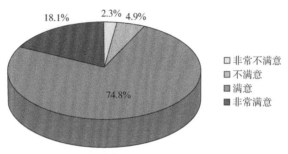

图 5-1 居民对补贴领取方式满意度分布

5.4
支付意愿水平测算

受访农户整体平均清洁取暖支付意愿为2926.0元/采暖季，京郊农户的平均清洁取暖支付意愿为3580.6元/采暖季，保定农户平均清洁取暖支付意愿为2787.0元/采暖季，太原农户平均清洁取暖支付意愿为2772.1元/采暖季，晋城农户平均清洁取暖支付意愿为3000元/采暖季。各地受访居民选择各区间人数占比如图5-2所示。

从整体来看，在现行补贴标准下，受访农户的平均清洁取暖支出为3028元，比改造前平均取暖费用提高986元，而农户的平均清洁取暖支付意愿为2926

元，略低于实际支出水平，可见目前的清洁取暖补贴支出水平不宜下调。

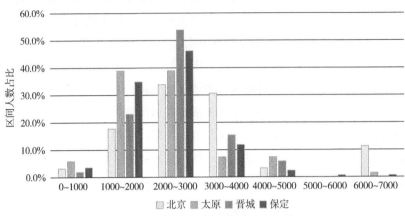

图 5-2　各地受访居民选择各区间人数占比

分地区看，北京、保定、晋城三地农户的平均清洁取暖费用分别为 3023.9 元、2522.4 元、2831.7 元，其清洁取暖支付意愿已高于实际支出水平，这表明对于北京、保定、晋城三地，清洁取暖补贴可在原有标准的基础上略有下降，最高下降幅度分别为 556.7 元、264.6 元、168.3 元，而太原市农户目前平均清洁取暖费用为 3734.6 元，其清洁取暖支付意愿比实际支出低 962.5 元，这表明目前不宜下调太原市清洁取暖补贴标准，而应该通过政策手段提升农户的清洁取暖支付意愿。

5.5
支付意愿的影响因素分析

5.5.1
模型构建

将受访者清洁取暖的支付意愿 WTP 作为被解释变量，受访者的社会经济特征等因素作为解释变量，运用 OLS 多元线性回归估算各因素对支付意愿的影响效果，并采用逐步回归的方式剔除不显著的变量，将通过 5%显著性水平的回归变量作为自变量。依据模型估计结果构建北京、保定、太原、晋城以及总体农户清洁取暖支付意愿（WTP）的多元线性回归模型：

$$\text{WTP} = a_0 + \sum_{i=1}^{n} a_i X_i + \mu \tag{5-2}$$

式中　　a_0，a_i——回归系数；

　　　　X_i——第 i 个影响因素；

　　　　μ——随机误差项。

5.5.2
影响因素识别

以 419 份有效问卷数据作为总体样本进行回归分析，回归结果如表 5-6 所示。由表可见，受访居民的清洁取暖支付意愿的影响因素中，在 5%水平上显著的包括居民的年龄（X_2）、家庭总年收入（X_5）、改造前采暖费用（X_8）、清洁取暖费用（X_9）、居民煤炭利用对雾霾影响的认同度（X_{14}）、对现行补贴标准的满意度（X_{15}）以及对目前清洁取暖效果的满意度（X_{17}）。

根据回归结果及式（5-2），可得到农户清洁取暖支付意愿的多元线性回归模型：

$$\text{WTP} = -405.498 + 12.121X_2 + 0.007X_5 + 0.137X_8 + 0.193X_9 + 176.416X_{14} + 177.980X_{15} + 229.432X_{17}$$

从模型自变量回归系数的符号判断，这些变量对居民的清洁取暖支付意愿均呈正相关趋势。在个体及家庭基本特征变量中，居民的年龄、受教育年限、家庭常住人口总年收入对其支付意愿的影响较为显著。对于居民的年龄与支付意愿之间的正向变化关系，可能与其收入来源有关，对于年纪较大的用户，其收入大多来源于儿女给的生活费，即属于"被供养"的角色，而年纪较小的用户在家庭中通常属于"供养者"，因此造成其支付意愿上的差异。农户家庭常住人口总年收入在一定程度上反映家庭的支付能力，收入越高，其支付能力相应越强，清洁取暖支付意愿水平也越高。

在能源利用水平相关变量中，对居民清洁取暖支付意愿产生显著影响的变量包括清洁取暖改造前的取暖费用和改造后的取暖费用，这说明居民在选择其清洁取暖支付意愿水平时，其历史取暖费用起着重要的参考作用，历史取暖费用越高，清洁取暖支付意愿水平越高。而二者之间，清洁取暖改造后的采暖费用对支付意愿的影响作用比改造前取暖费用的影响大，即居民在利用历史取暖费用作为清洁取暖支付意愿的参考时，改造后的取暖费用起了更大的作用。

在居民的环境关注及认同变量的三个指标中，"居民煤炭利用对空气质量影响的认同度"变量对清洁取暖支付意愿的影响显著，即在居民煤炭利用对空气质量的影响这一问题上，认为影响较大的居民的清洁取暖支付意愿比认为影响较少甚至无影响的居民的支付意愿高。根据基数效用论，若居民认为燃烧煤炭对空气质量的影响越大，则使用清洁能源取暖给居民带来的效用程度越高，其清洁取暖的支付意愿也就越大。

此外，在清洁取暖及补贴政策满意度模块，居民对现行补贴标准的满意度和对目前清洁取暖效果的满意度均会对居民支付意愿产生正向影响。由于居民对补贴政策的认知度与满意度之间存在递进关系，只有对补贴标准或者方式有所了解，才能对其产生满意度，因此，虽然在问卷中分别对居民对补贴政策的认知度和满意度进行了调查，但为避免不了解补贴政策的居民的政策满意度对结果造成影响，在模型计算中将这部分居民的补贴标准满意度记为0，而对现行补贴政策有所了解的居民满意度从1到4不等。回归结果表明，居民对清洁取暖补贴政策的满意度越高，其清洁取暖的支付意愿越高。清洁取暖效果直接影响居民对清洁取暖的接受度，回归结果也证明，居民对清洁取暖效果越满意，其清洁取暖支付意愿也会越高。目前，居民对清洁取暖效果的整体满意度为80.4%，由于费用上升，部分居民存在牺牲舒适度以节省费用的行为，一些居民甚至为了节省费用多次开关清洁取暖设备，既影响居民对清洁取暖效果的判断从而影响其清洁取暖支付意愿，也造成不必要的设备和能源损耗。

表5-6 模型回归结果

wtp	Coef.	St.Err.	t-value	p-value	[95% Conf	Interval]	Sig
x1	−24.354	103.281	−0.24	0.814	−227.393	178.686	
x2	12.121	4.189	2.89	0.004	3.886	20.357	***
x3	32.599	17.795	1.83	0.068	−2.384	67.581	*

续表

wtp	Coef.	St.Err.	t-value	p-value	[95% Conf	Interval]	Sig
x4	−33.611	28.690	−1.17	0.242	−90.012	22.790	
x5	0.007	0.002	4.13	0.000	0.004	0.011	***
x6	0.824	0.833	0.99	0.324	−0.815	2.462	
x7	131.910	105.308	1.25	0.211	−75.115	338.935	
x8	0.137	0.040	3.41	0.001	0.058	0.216	***
x9	0.193	0.036	5.36	0.000	0.122	0.264	***
x10	−1.595	2.480	−0.64	0.521	−6.471	3.281	
x11	1.006	0.753	1.34	0.182	−0.474	2.486	
x12	29.479	75.831	0.39	0.698	−119.598	178.555	
x13	−55.938	35.002	−1.60	0.111	−124.748	12.873	
x14	176.416	46.528	3.79	0.000	84.946	267.886	***
x15	177.980	85.497	2.08	0.038	9.902	346.058	**
x16	−61.552	78.453	−0.79	0.433	−215.783	92.679	
x17	229.432	72.984	3.14	0.002	85.953	372.911	***
Constant	−405.498	496.972	−0.82	0.415	−1382.495	571.499	
Mean dependent var		2926.014		SD dependent var		1096.653	
R-squared		0.304		Number of obs		419.000	
F-test		10.302		Prob > F		0.000	
Akaike crit.（AIC）		6938.248		Bayesian crit.（BIC）		7010.929	

*** $p<0.01$，** $p<0.05$，* $p<0.1$

5.5.3
非显著因素分析

（1）居民清洁取暖的能源利用类型对居民支付意愿的影响效果并不明显，这表明居民在决定其清洁取暖的支付意愿时，并不会过多考虑使用的是电采暖还是天然气采暖，也可以说明使用电采暖或天然气采暖的农户在清洁取暖支付意愿上并没有显著的差异。

（2）居民对雾霾事件的关注度、对环保知识的了解程度对居民清洁取暖的支付意愿也不存在显著影响，这可能是因为农村居民对相关知识的了解程度普遍偏低的缘故。在实地调查过程中发现，居民对雾霾的认知大多停留在"听说过"的层面，小部分居民能够在日常生活中通过观察可见度或者蓝天出现频率大致了解目前雾霾状况，极少数居民能够主动从相关渠道了解雾霾情况并在重污染天气采取减少外出等防护行为，而对于环保知识的了解程度，受访居民在设置的 5 道目标问题中的整体平均得分为 1.21，即平均答对 1 道题，因此"'对雾霾事件的关注度'和'对环保知识的了解度'对清洁取暖支付意愿的影响不高"符合本书模型的实证结果。

6

基于支付能力的清洁取暖补贴政策设计

6.1 采暖成本变化情况
6.2 居民经济承受能力
6.3 政府财政支持能力
6.4 基于支付能力的补贴政策建议

6.1 采暖成本变化情况

6.1.1 历史采暖成本

从前述章节的分析已知，农户清洁取暖的支付意愿受农户历史取暖成本的显著影响，因此，各地在制定清洁取暖补贴标准时，农户历史取暖费用是重要的参考依据。表6-1中列出了研究区农户往年燃煤采暖的费用情况。由于煤炭价格随其品质、供货商以及供应时间的变化波动较大，且受经济承受能力所限，不同家庭在选择煤炭时也有不同的偏好，因此在统计时很难找到一个统一的价格标准，表中的煤炭价格及居民往年燃煤采暖费用来自实地调研，在问卷调查时，除依农户清洁取暖支付意愿分析框架对所包含的各指标进行询问外，还同时询问了居民往年采暖的煤炭消耗量，由此计算出该地区居民取暖用煤炭的平均价格。

从表中四地农户历史采暖成本来看，太原市农户历史采暖成本最高，其高成本主要来源于大量的采暖能源消耗，北京市农户采暖成本次之，其高成本主要来源于较高的能源价格，保定市煤炭价格及农户用煤量均居中，因此其农户历史采暖成本处于第三位，晋城市煤炭价格较低且农户取暖用煤量少，所以晋城市农户的历史采暖成本最低。

表6-1 样本区清洁取暖完成情况及对应补贴标准

项目	北京	太原	晋城	保定
历史煤价/(元/吨)	815	485	590	685
历史取暖需煤量/(吨/取暖季)	2.65	4.89	2.28	2.87
历史用煤成本/(元/取暖季)	2121.8	2371.7	1343.3	1964.8
供暖时长/天	120	150	120	120

6.1.2 清洁取暖补贴

各地现行的清洁取暖补贴标准及对应能源价格如表 6-2 所示。表中天然气价和电价均来源于相关政府文件，四地采暖季电价均采用峰谷计价标准，但在计算补贴时并不区分峰谷用电量，因此在电价栏，除了有峰谷段电价标准，还有依据峰谷时长比例计算的平均电价。

目前北京、太原、保定对用电的单位补贴均为 0.2 元/度，但由于基础电价不同，补贴后保定市农户所承担的电价高于太原市高于北京市，也就是说，在用电量同等的情况下，北京市农户的电采暖成本最低，补贴占清洁取暖总成本的比例最高。晋城市尚未制定详细的电代煤补贴标准，仅规定每户的补贴上限为 6500 元，而如何在初装和运行中分配补贴额则由各县自行安排，取暖运行费用尽可能通过市场手段控制在居民可接受范围内，对于确有需要对运行进行额外补贴的区域，需由该区域政府提出补贴意见，补贴资金由市、县两级政府共同分担。在开展实地调研的区域，从对政府相关工作人员的访问了解到，该区域对电代煤的补贴方式为"补初装不补运行"，即将 6500 元全部用于设备补贴，并未额外申请运行补贴。

对于气代煤，北京市、太原市、保定市均采用规定单位用气补贴及最高补贴额的方式，北京市和太原市还对不同的用气量制定了阶梯补贴标准，可以看到，虽然两个地区最高用气补贴量均为 2500m³，但北京市的二级阶梯划分界限为 820m³，补贴后第一阶梯气价比第二阶梯气价低 0.4 元，而太原市的二级阶梯划分界限为 1500m³，补贴后第一阶梯气价比第二阶梯气价低 0.26 元。可以推测，北京市和太原市的天然气采暖补贴政策是在覆盖大多数气代煤用户的前提下，通过阶梯补贴机制激励居民节约用气，而从阶梯划分界限可以看出，北京市的气代煤补贴政策对取暖用气需求量低于平均水平的农户更为友好，这类用户通常具有家庭人口少，家庭收入低，采暖时间短等特点，在一定程度上实现了区别补贴。保定市统一对农户用气的前 1200m³ 给予 1 元/m³ 的补贴，而晋城市则对农户取暖费用 1200~2400 元的区间内进行全额补贴，二者补贴上限均为 1200 元，但激励原理不同：保定市通过降低清洁取暖费用门槛以引导农户开始清洁取暖，而晋城市则是通过设立门槛引导居民多使用清洁取暖以获得更多补贴。从第 5

章对不同地区农户的清洁取暖补贴标准满意度及支付意愿水平的测算结果看，晋城市在这两个指标上的表现均优于保定市，这可能为政府创新清洁取暖补贴方式提供了一个新的思路。

表6-2 样本区现行清洁取暖补贴标准及对应能源价格

	项目	北京		太原		晋城	保定
煤改电	设备及管网补贴/(元/户)	24000/5940		27400/14400		6500	7400
	单位运行补贴/(元/度)	0.2		0.2		—	0.2
	最高运行补贴/(元/户)	2000		2400		—	2000
	取暖期电价（峰段/谷段/均价）/(元/度)	0.4883/0.3/0.3942		0.5070/0.2862/0.3996		0.5070/0.2862/0.3996	0.535/0.285/0.41
	补贴后单位电价/(元/度)	0.1942		0.1996		0.3996	0.21
煤改气	设备及管网补贴/(元/户)	17100		10000		5300	2700
	单位运行补贴/(元/m³)	1.57	0.84	1.36	1.1	2.6	1
	补贴范围/m³	0~820	820~2500	0~1500	1500~2250	461~923	1200
	最高运行补贴/(元/户)	2699		2865		1200	1200
	取暖期天然气价/(元/m³)	2.63		2.26		2.6	2.45
	补贴后单位气价/(元/度)	1.04/1.44		0.9/1.16		0	1.45

6.1.3 清洁取暖费用

假设农户取暖能源利用水平保持不变，取消补贴后，农户的平均取暖费用将提升至4674元，比发放补贴时的取暖费用提高了54.4%。太原市农户的取暖费用受补贴影响最大，取消补贴后农户平均取暖费用提升了2432元，升幅65.1%，其次为北京市，费用增加1893元，升幅62.6%，保定市和晋城市农户取暖费用将分别增加1122元和992元，升幅分别为44.5%和35.0%（图6-1）。取消补贴后，农户的平均清洁取暖费用占平均家庭总年收入的12.6%，比补贴时提升了4.4%。增加的清洁取暖费用在各地农户的平均家庭总年收入中的占比分别为北京市4.2%、太原市7.3%、晋城市3.6%、保定市2.8%（图6-2）。从费用变化数值来看，取消补贴对各地农户的影响程度由高至低依次为太原市>北京市>保定市>晋城市，而从费用在家庭总年收入占比变化的角度，取消补贴对各地农户的影响程度由高至低依次为太原市>北京市>晋城市>保定市。由于保定市农户家庭总年收入高于晋城市，因此导致从不同角度评价取消补贴的影响时二者排名的变化。

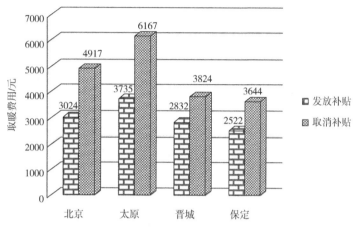

图6-1 四城市取消补贴前后农户清洁取暖费用对比

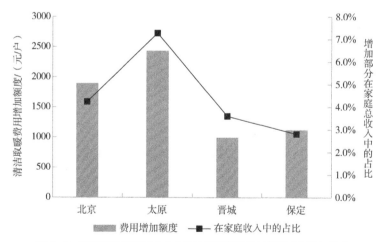

图6-2 取消补贴后四城市农户清洁取暖费用及其经济压力增加情况

计算每户取消补贴后清洁取暖费用占家庭年收入的比例（以下简称为取消补贴后占比），并进行分类统计（图6-3），观察其分布变化情况。由图可见，费用占比在(0,5%)和(5%,10%)区间内的农户比例分别下降了12.2%和7.6%,而在大于10%的各区间内农户数量均有所上升。取消补贴后占比聚集在(10%,30%)的区间内,占总体的72.1%,其中,在10%~20%区间范围内的农户占比最高,为总体的31.7%。取消补贴后占比高于50%的农户比例提升至6.9%。有2户取消补贴后的取暖费用将高于家庭总收入,这两户均满足当地农村居民最低生活保障标准,家庭人均年收入分别为3000元和3500元,取消补贴后,这两户居民的年收入将不足以维持其目前的取暖能源利用水平,只能通过牺牲部分取暖体验以保证清洁取暖费用的可承受性。对比现行补贴下农户取暖费用在家庭总年收入的占比(以下简称为原占比)情况,取占比变化最大的前10%家庭,这部分家庭的清洁取暖费用占比提升幅度为15.2%~64.5%,原占比越高,农户清洁取暖费用占比受补贴取消的影响越明显(表6-3):原占比高于50%的群体全部处于占比变化最大的前10%区间,随着原占比的降低,处于前10%区间的农户比例也逐步下降。原占比低于10%的农户取消补贴后清洁取暖费用在家庭总年收入中占比的变化幅度均小于15.2%。

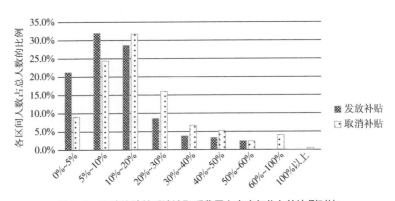

图6-3 取消补贴前后清洁取暖费用占家庭年收入的比例对比

表6-3 农户清洁取暖费用占比受补贴取消情况

现行补贴下清洁取暖费用占家庭总年收入比值/%	取消补贴后费用占家庭总收入比值变化幅度前10%的户数/户	占原分布区间总户数的比值/%
0~5	0	0
5~10	0	0
10~20	4	3.3
20~30	11	30.6

续表

现行补贴下清洁取暖费用占家庭总年收入比值/%	取消补贴后费用占家庭总收入比值变化幅度前10%的户数/户	占原分布区间总户数的比值/%
30~40	6	37.5
40~50	8	57.1
50~60	10	100.0

综合以上分析，在当前农户的收入水平、取暖习惯不产生较大变化的情况下，取消补贴对农户，尤其是目前清洁取暖费用已占家庭总年收入较大比例的农户的经济承受力的影响较大，对各地农户的影响程度从高到低依次为太原市>北京市>晋城市、保定市，全面取消补贴在近期较难实现。在现行清洁取暖补贴政策到期后，需要继续制定农户清洁取暖补贴政策。

6.2 居民经济承受能力

受访居民中，农户人均收入（2017年）约8285元，平均家庭常住人口总收入（2017年）为36956元。家庭常住人口总收入最低的为3500元，最高达200000元。清洁取暖改造前户均取暖费用为2042元，改造后户均取暖费用为3028元，平均费用上升986元。清洁取暖费用占平均家庭总收入的8.2%。计算每位受访居民清洁取暖费用占家庭常住人口总年收入的比例，并进行分类统计（图6-4），可以发现，农户清洁取暖费用占家庭常住人口总年收入的比例聚集在（0，20%）的区间内，占总体的81.8%，其中，在5%~10%区间范围内的农户占比最高，为总体的32.0%。另外，有2.4%的居民清洁取暖费用在家庭常住人口总收入中的占比高于50%。

分地区看（图6-5），农户清洁取暖费用在家庭常住人口总年收入中占比在（0，5%）和（5%，10%）区间中最多的均为保定市，在（10%，20%）区间中占比最多的是晋城市，太原市在20%以上的各区间占比均为最高，计算各地区农户平均清洁取暖费用在平均家庭常住人口总年收入的比例，从低到高依次为保定市（6.3%）、北京市（6.8%）、晋城市（10.3%）、太原市（11.2%）。

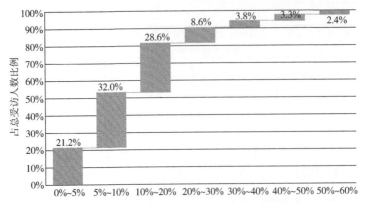

图6-4 农户清洁取暖费用占家庭常住人口总年收入比例分布

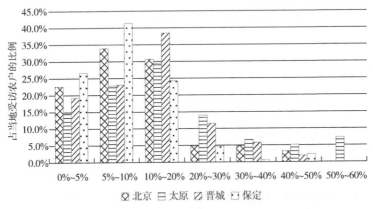

图6-5 分地区农户清洁取暖费用占家庭收入比例分布

由于各农户家庭经营状况及支出项目情况不一，难以以某项费用占总收入的比例判断该项目对农户来说是否"可承受"，而根据"支付意愿"的定义，即消费者为某件商品所愿意支付的最高价格，在某种程度上支付意愿可以反映消费者对该商品的承受能力，以及作为商品价格变化时消费者购买该商品的意愿变化情况的判断依据。因此本书以农户对清洁取暖的支付意愿作为农户对清洁取暖价格承受能力的衡量依据，当清洁取暖价格高于农户支付意愿时，认为该价格对农户来说是"不可承受"的。

计算受访农户对清洁取暖的平均支付意愿为2926元，占农户平均家庭常住人口总收入的7.9%，各地区农户平均支付意愿占平均家庭常住人口总收入的比值分别为：北京市8.0%，太原市8.3%，晋城市10.9%，保定市7.0%。总体上来看，目前清洁取暖对于农户来说价格略高，超出部分占农户家庭常住人口总收入的 0.3%，北京市、晋城市、保定市农户家庭的清洁取暖费用对于农户来说是"可承受"的，其平均支付意愿比清洁取暖费用高出部分占居民家庭常住人口总收入的比例分别为 1.2%，0.6%，0.7%。太原市农户家庭清洁取暖费用对于农户来说"不可承受"，其费用比支付意愿高出部分占居民家庭常住人口总收入的 2.9%。从该角度来看，在现行补贴条件下，北京市农户对清洁取暖的承受能力最高，太原市农户承受能力最低。

当然，随着经济的发展，农户的收入也会有所提升。由第 4 章的分析可知，农户的家庭收入对其清洁取暖支付意愿有着显著的正向影响，当清洁取暖费用不变时，家庭收入的增加将影响农户对清洁取暖的态度，进而影响其清洁取暖行为。参考各市历年农村居民人均可支配收入变化情况（图 6-6），取近 5 年农村居民人均可支配收入的年均增长率，估算各市农户未来家庭年收入水平，再分别以历史采暖费用、清洁取暖支付意愿占家庭年收入的比例作为农户接受清洁取暖费用的标准，可大致估算不同目标下，各市实现取消清洁取暖补贴的时间。

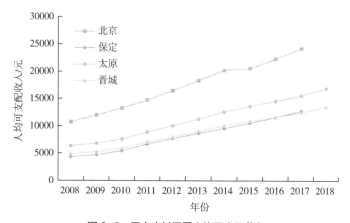

图 6-6　四市农村居民人均可支配收入

注：数据来源于各市历年国民经济和社会发展统计公报

计算结果显示，在现行清洁取暖能源价格标准和农户取暖能源利用水平保持不变的情况下，随着农户家庭收入的提高，各市农户清洁取暖费用占家庭年收入比例将不断减小（图 6-7），若以达到农户传统采暖费用占家庭年收入比值水平为目标，各市取消补贴的时间最早为北京市 2029 年、保定市 2028 年、太原市 2033 年、晋城市 2024 年。而若以达到农户清洁取暖支付意愿占家庭年收入的比值水平为目标，各市取消补贴的时间将提前至北京市 2022 年、保定市 2021 年、太原市 2028 年、晋城市 2021 年。

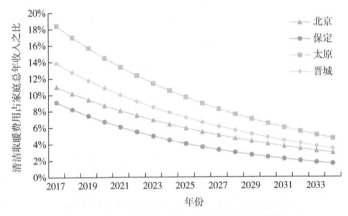

图 6-7 清洁取暖费用占农户家庭总年收比例变化

6.3 政府财政支持能力

截至 2018 年底，四个城市一共完成了农村清洁取暖改造 200 万户，以北京市和保定市为主，在这 200 万农村清洁取暖用户中，气代煤用户占 54.0%，主要分布在保定市，电代煤用户占 46.0%，以北京市用户为主。各市农村清洁取暖率分别为北京市 93%，太原市 49%，晋城市 25%，保定市 48%，除晋城市外，各市均提前完成了《规划》中制定的 2019 年目标农村清洁取暖率（40%）。完成的清洁取暖改造共产生了设备等一次性补贴资金需求 249 亿元，年运行补贴资金需求 34.57 亿元。各市资金需求见表 6-4。通过对研究区现行清洁取暖补贴投入的测算，对比全市一般公共预算支出，可以发现，目前清洁取暖补贴所需资金均未超过政府一般公共预算支出的 5%，对于各市财政而言，清洁取暖补贴资金对政府财政所造成的压力并不算高，补贴标准和清洁取暖改造规模与全市财政支持能力大致匹配。在实地调研过程中，通过对政府工作人员的采访了解到，由于清洁取暖补贴资金一般采用市、县（区）二级财政按比例分担的机制，在一些非中心城区的县（区），其农户数量多、改造任务重，县（区）财政收入有限，发放清洁取暖补贴会对县（区）级财政造成较大压力，一些县（区）会采用放缓清洁取暖改造推进速度的方式，避免大规模改造产生的补贴资金需求突升，但随着清洁取暖改造的推进，费用问题依然无法回避。

针对不同情况下继续推进清洁取暖所需的补贴资金进行计算，若延续现行的补贴标准，以《规划》中对"2+26"城市2021年农村清洁取暖率60%为改造目标，则还需投入一次性补贴18.98亿元，年运行补贴提升至39.84亿元，若以农村取暖"无煤化"（即农村清洁取暖率为100%）为改造目标，则需投入一次性补贴84.75亿元，年运行补贴增至56.18亿元。随着农村清洁取暖改造规模的不断扩大，清洁取暖用户的不断增多，若维持现有的补贴水平，清洁取暖补贴所需资金将继续提升，在目前农村清洁取暖率不够高的地区，如晋城市，这种提升将尤为显著。

表6-4 样本区清洁取暖补贴投入情况

项目	北京	太原	晋城	保定
清洁取暖改造完成户数（截至2018年底）/万户	84.60	18.13	15.13	82.59
其中：气代煤	15.50	14.99	8.30	69.53
电代煤	69.10	3.14	0.48	13.06
清洁取暖改造一次性补贴投入/亿元	192.30	23.60	4.70	28.4
2018年运行补贴投入/亿元	17.56	5.05	1.00	10.96
2018年全市一般公共预算支出/亿元	7467.5	542.53	228.2	666.7
一次性/运行补贴投入在全市一般公共预算支出占比	2.6%/0.2%	4.3%/0.9%	2.1%/0.4%	4.3%/1.6%
补贴资金来源	市、区二级财政	市、县二级财政	市、县二级财政	省、市、县三级财政
乡村户数/万户	91.2	37.0	59.6	173.6
农村清洁取暖率/%	93	49	25	48
60%清洁取暖率目标下一次性补贴资金需求/亿元	0	5.30	6.58	7.10
60%清洁取暖率目标下年运行补贴资金需求/亿元	17.56	6.18	2.40	13.70

续表

项目	北京	太原	晋城	保定
100%清洁取暖率目标下一次性补贴资金需求/亿元	15.01	24.54	13.85	31.35
100%清洁取暖率目标下年运行补贴资金需求/亿元	18.93	10.30	3.92	23.03

6.4 基于支付能力的补贴政策建议

在现行补贴政策有效期截止后,四个样本城市有必要继续制定新的清洁取暖补贴政策。在扩大清洁取暖改造范围后,各地财政对一次性补贴和年运行补贴的投入量将有所提升,政府的资金压力也会随之加剧,其中,晋城市的资金需求量涨幅最大,这主要是由目前晋城市农村清洁取暖率较低的缘故所导致的。若维持现有的补贴标准,政府在一次性补贴上的投入较高。年运行补贴上,整体而言,各市财政支持能力是能够满足年运行补贴的资金需求的,但考虑到各县(区)农户分布不均,部分县(区)可能会面临资金压力大的问题。对此可通过由省、市、县(区)三级财政分担的形式缓解,也可通过创新补贴计算形式,如参考晋城市对取暖费用1200~2400元区间进行全额补贴的方式,即将降低补贴门槛改为设立补贴门槛等,提升农户的清洁取暖支付意愿,从而在满足农户需求的前提下,降低补贴标准,缓解财政资金压力。除此之外,还可区分不同农户的清洁取暖经济承受能力,对目前清洁取暖费用在家庭总年收入中占比较高的农户进行精准补贴,对经济承受能力较高的农户,可适当减少补贴的发放,从而实现缓解补贴资金压力的目的。

在现行清洁取暖能源价格标准和农户取暖能源利用水平保持不变的情况下,随着农户家庭收入的提高,各市农户清洁取暖费用占家庭年收入比例将不断减小,若以达到农户传统采暖费用占家庭年收入的比值水平为标准,各市取消补贴的时间最早为北京市2029年、保定市2028年、太原市2033年、晋城市2024年。而若以达到农户清洁取暖支付意愿占家庭年收入的比值为标准,各市取消补贴的时间将提前至北京市2022年、保定市2021年、太原市2028年、晋城市2021年。

7 清洁取暖补贴政策建议

针对我国清洁取暖推广、清洁取暖补贴政策建议如下：

（1）因地制宜采用差异化清洁取暖方式

结合国家油气资源、电力发展、天然气输送管网建设、电网输配电能力建设等因素，系统谋划清洁取暖工作的年度目标和工作重点。各级政府需要编制适用于本地区的规划，统筹热源、热网和热用户，因地制宜、多能互补。

（2）提升建筑能效

通过提高建筑能效，有效降低采暖能耗，减少居民采暖成本，对于形成"居民可承受"的清洁取暖方式非常重要。新建居住建筑节能标准高于现行国家标准；完善新建建筑在规划、设计、施工、竣工、验收等环节的节能监管，明确各方主体责任，确保设计阶段和施工阶段建筑节能标准执行率达到100%。紧密结合农村实际，总结出适用于农村特点的绿色节能技术，积极开展示范。新建农房按照《农村居住建筑节能设计标准》（GB/T 50824）进行设计和建造；整村安置、异地搬迁应按照《农村居住建筑节能设计标准》（GB/T 50824）进行设计和建造。

（3）加快可再生能源替代

各地区做好资源勘查和应用条件调查，编制可再生能源应用规划，将可再生能源替代落实到清洁取暖项目中。按照"宜电则电、宜气则气"的原则，结合本地资源禀赋条件，优先利用太阳能、空气热能、地热能等能源解决取暖需求。城乡结合部及集中供暖系统尚无法覆盖的区域，优先考虑地热热泵、水源热泵、空气源热泵取暖，并严格按照标准和规范设计、施工和运行，确保良好效果。

（4）理顺居民用气门站价格补贴清洁取暖用气

尽快落实2018年5月《国家发展改革委关于理顺居民用气门站价格的通知》，理顺居民用气门站价格，建立反映供求变化的弹性价格机制，推行季节性差价政策，鼓励市场化交易。综合考虑居民（特别是城市居民）承受能力、燃气企业经营状况和当地财政状况等因素，通过给予企业燃气特许经营权，维持市场排他性，以城市居民用气以及非居民用气来补贴农村清洁取暖用气。

（5）构建全方位政策体系与管理机制

靠市场机制促使居民和企业自发采用清洁取暖方式为比较困难，只有使各参与方得到实惠，降低生产、经营、使用成本，才能保证清洁取暖工程的持续性。目前政府的财政支持政策起很大的引导作用，需要继续创新投融资渠道，加强资金管理，实施配套措施，完善政府激励政策，鼓励各方积极参与清洁取暖工程，改善生态环境。

（6）开放投融资政策促进社会资本参与

冬季清洁取暖的落实，资金是基础，形成以财政投入为引导、金融资金和社会资本共同参与的投融资模式。政府作为清洁取暖的引导者，制定政策保障清洁供暖的顺利实施；同时政府还应集社会之力，撬动社会资本，共同推动清洁供暖建设；允许有条件的地区采用发行地方政府债券、成立市政投资平台、基础设施证券化等多种方式拓宽融资渠道；积极引入市场竞争机制，鼓励社会资本参与城市取暖建设和运营。

（7）加强清洁取暖专项资金管理

各地方相关主管部门和财政部门对清洁取暖项目实施监督检查，因工作不力造成实施进度较慢或未实现预期效果的地区给予批评。利用"互联网+"和计算机辅助等手段，加强项目的审计。建立财政资金使用绩效评估标准和资金使用绩效评估机制。

（8）制定应急预案，建立清洁取暖管理与运行监控平台

北方地区冬季取暖关系民生，应制定取暖应急预案，以应对突发事件导致的取暖中断、预防和减少安全事故发生。基于大数据物联网技术建立清洁取暖管理与运行监控平台，监测取暖设备的各项运行情况；监管部门和相关企业通过该平台，可以实时、全面、精准的掌握设备运行情况，促进清洁取暖良好运行，提高百姓满意度。

（9）根据实际情况适时调整优化补贴政策

对于已大规模推进农村清洁取暖改造并已制定清洁取暖补贴政策的地区，如"2+26"城市，在现行补贴政策有效期截止后，有必要继续制定新的清洁取暖补贴政策。若补贴资金压力较大，可通过由省、市、县（区）三级财政分担的形式缓解，也可通过创新补贴计算形式，如参考晋城市对取暖费用1200~2400元区间进行全额补贴的方式，即将降低补贴门槛改为设立补贴门槛等，提升农户的清洁取暖支付意愿，从而在满足农户需求的前提下，降低补贴标准，缓解财政资金压力。除此之外，还可区分不同农户的清洁取暖经济承受能力，对目前清洁取暖费用在家庭总年收入中占比较高的农户进行精准补贴，对经济承受能力较高的农户，可适当减少补贴的发放，从而实现缓解补贴资金压力的目的。

（10）避免盲目扩大清洁取暖改造范围

对于尚未大规模推进农村清洁取暖改造的地区，建议不要急于求成，可以优先给建筑保温性能较好或经济实力较强的农户进行改造，通过一段时间的清

洁取暖体验后在农户中形成良好的口碑，以增强其他农户进行清洁取暖改造的意向。对于保温性能较差的老旧农房，不宜强制性地推进清洁取暖，而应兼顾清洁取暖与建筑节能改造，若农户的改造意向不强，可以通过发放部分补贴的形式加以引导。若地方财政压力较大，也可以参照（2）中分级财政分担、创新补贴计算形式、精准补贴等方法加以缓解。对于清洁取暖补贴标准的制定和调整，各地应在农户可接受、政府可承担的前提下，尽量逐步实现补贴退坡。而在补贴退坡的同时，可采用以下手段提升农户的支付意愿，从而保持农户对清洁取暖的积极态度。

（11）提高补贴政策的宣传强度

虽然从居民角度来看，补贴力度越大，其对现行补贴标准的满意度也会越高，但鉴于现行补贴标准已对政府财政造成较大压力，随着清洁取暖改造工作的推进，补贴用户的增多会加剧政府财政压力，因此，要想通过提升居民对现行补贴标准满意度来提升居民清洁取暖的支付意愿水平，可从提高补贴政策的宣传强度入手，加深居民对补贴标准的认知度。目前受访居民中，有16.2%对现行补贴政策了解程度较低，从理论上来说，若增加宣传强度，提升居民对补贴政策的认知度，对提升居民满意度是有帮助的。

（12）加强环保知识的普及

从"居民煤炭利用对空气质量影响的认同度"变量对清洁取暖支付意愿的影响显著的情况来看，提升居民环境意识水平对清洁取暖支付意愿的提高是有益的。相关政府部门应该积极向农村居民宣传环境保护理念，为清洁取暖改造工程营造良好的舆论氛围，不断提高农户清洁取暖的自觉性。各地政府要把清洁取暖作为国民环保教育的重要内容，让民众意识到推进清洁取暖不仅是生产方式的变革，也是生活方式的改变，需要政府部门、企业履职尽责，也需要每个人的参与。在农村、社区、企业、学校、家庭开展清洁取暖公益宣传，大力宣传燃用劣质散煤的危害、清洁取暖的意义，不断提高民众清洁取暖意识。

（13）宣传清洁取暖设备的正确使用方式

正确的使用方式是居民客观判断清洁取暖效果的前提，目前部分居民存在牺牲舒适度以节省费用的行为，一些居民甚至为了节省费用多次开关清洁取暖设备，这些不正确的清洁取暖设备使用方式既影响居民对清洁取暖效果的判断从而影响其清洁取暖支付意愿，也造成不必要的设备和能源损耗。根据农村居民接收各类信息的主要渠道，较有效率的宣传方式包括电视宣传、广播宣传以及公告栏宣传,同时还可以印发一些科普性质的宣传册,方便农户经常翻阅,加深农户的了解程度。

(14) 提升居民家庭收入水平

实证研究结果表明,家庭常住人口总年收入对支付意愿水平有着显著的正向影响,因此提升居民家庭收入水平将会拓展北方农村地区清洁取暖的资金水平,为推动清洁取暖改造起了重要作用。提升居民家庭收入水平的主要举措包括对居民进行简单的职业技术培训,提升居民工作技术水平;大力发展经济,提高家庭就业率等。

参考文献

[1] 国务院办公厅.国务院办公厅转发环境保护部等部门关于推进大气污染联防联控工作改善区域空气质量指导意见的通知[EB/OL]. 2010.05.13. http：//www.gov.cn/xxgk/pub/govpublic/mrlm/201005/t20100513_56516.html.

[2] 毛小平，吴冲龙，辛广柱.北京市冬季空气污染来源及成因分析[J].地学前缘, 2017, 24（05）: 434-442.

[3] 邰文燕. 中国低碳经济发展的财政政策工具研究[D].南京：南京大学，2014.

[4] 潘涛，薛亦峰，钟连红，等.民用燃煤大气污染物排放清单的建立方法及应用[J].环境保护, 2016（6）: 20-24.

[5] Chau J, Sowlati T, Sokhansanj S, et al. Techno-economic analysis of wood biomass boilers for the greenhouse industry[J]. Applied Energy. 2008, 86 (3): 364-371.

[6] Junninen H, Mønster, J, Rey, M, et al. Quantifying the impact of residential heating on the urban air quality in a typical European coal combustion region[J]. Environ Sci Technol, 2009, 43, 7964–7970.

[7] Scott A J, Scarrott C. Impacts of residential heating intervention measures on air quality and progress towards targets in Christchurch and Timaru, New Zealand[J]. Atmos Environ, 2011 45, 2972–2980.

[8] 李宁.生物质锅炉辅助太阳能供热采暖系统的研究[D].西安：西安建筑科技大学，2012.

[9] Changchun L. Biomass boiler energy conversion system analysis with the aid of exergy-based methods[J]. Energy Conversion and Management, 2015, 103: 665-673.

[10] Kelly J A, Fu M, Clinch J P. Residential home heating: the potential for air source heat pump technologies as an alternative to solid and liquid fuels[J]. Energy Policy, 2016.98, 431–442.

[11] Juan J H. Biomass quality control in power plants. Technical and economical implications[J]. Renewable Energy, 2018, 115 : 908-916.

[12] 郭威炯，黄必鹤，张继皇.河北农村地区清洁取暖"煤改电"技术可行性试验分析[J].电力需求侧管理，2019, 21（02）: 46-50.

[13] 诸葛绪光，苏棣棠，马俊哲，等.浅析适合我国北方农村的清洁能源取暖方式[J].北京农业职业学院学报，2017, 31（06）: 46-52.

[14] 樊金璐.基于用户可承受能力的清洁取暖技术经济性评价[J].煤炭经济研究, 2019, 39（01）:

39-44.

[15] Xiang Z, Yana J, Hancheng D, et al. Health and economic benefits of cleaner residential heating in the Beijing-Tianjin-Hebei region in China[J]. Energy Policy, 2019, 127.

[16] Cohen C, Lenzen M, Schaeffer R. Energy requirements of households in Brazil［J］. Energy Policy, 2005, 33（4）: 555-562.

[17] Seung-Hoon Y, Suk-Lee J, Seung-Jun, K. Estimation of residential electricity demand function in Seoul by correction for sample selection[J]. Energy Policy. 2007. 35. 5702-5707.

[18] Olusola O J, Abayomi J O, Obinna L U. Factors influencing the usage of compact fluorescent lamps in existing residential buildings in Lagos, Nigeria[J]. International Journal of Energy Economics and Policy, 2012, 2（2）: 63-70.

[19] 陈利顺. 城市居民能源消费行为研究[D].大连：大连理工大学，2009.

[20] Muhammad E W, Tetsuo T. Policy-making for households appliances-related electricity consumption in indonesia—a multicultural country[J]. Open Journal of Energy Efficiency, 2013, 2, 53-64.

[21] 陈迅, 袁海蔚.中国生活能源消费行为影响因素的实证研究[J].消费经济, 2008（05）: 47-50.

[22] 丁永霞. 我国居民生活能源消费时空变化分析[D].兰州：兰州大学，2011.

[23] Chung W, Kam M S, Ip C Y. A study of residential energy use in Hong Kong by decomposition analysis, 1990–2007[J]. Applied Energy .2011. 88. 5180-5187.

[24] 郎春雷. 中国地区间能源消费差异的实证研究[D].上海：上海社会科学院，2011.

[25] 张敬飒, 吴文恒, 朱虹颖, 等.不同生计方式农户生活能源消费行为及其影响因素[J].水土保持通报, 2016, 36（06）: 265-271.

[26] Sven H, Elizabeth H, Thomas W J. Case Study Evidence and Behavioural Analysis of Residential Energy Consumption in the UK[J]. Open Journal of Energy Efficiency, 2017, 6, 14-40.

[27] 刘伏萍.新能源汽车质量提升路径探索——2018年新能源汽车财政补贴政策与产品技术要求解析[J].质量与标准化, 2018（10）: 51-53.

[28] 胡赛飞.我国新能源汽车产业财政补贴政策的困境与对策研究[J].中国集体经济,2019(02): 35-36.

[29] 胡舜, 余华.推进湖南农业绿色发展的财政政策优化研究[J].湖南财政经济学院学报，2019（01）: 33-40.

[30] 张梦瑶. 我国风电产业财政补贴和税收优惠政策研究[D].北京:中国地质大学(北京),2018.

[31] 姚林香, 冷讷敏.财税政策对战略性新兴产业创新效率的激励效应分析[J].华东经济管理，2018, 32（12）: 94-100.

[32] 李晓红,孔令辉,赵烁.清洁能源企业技术创新的财税激励效应研究[J].会计之友,2019(02):103-108.

[33] Mishra P K. Agriculture risk, insurance and income: a study of the impoact and desige of India's Crop Insurance Scheme, Aldershort/ Brookfiele USA/ Hong Kong/ Singapore/ Sydney[J]. Avedury, 1996, 256.

[34] 张跃华,施红.补贴、福利与政策性农业保险——基于福利经济学的一个深入探讨[J].浙江大学学报(人文社会科学版),2007(06):138-146.

[35] 冯文丽.农业保险补贴制度供给研究[M].北京:中国社会科学出版社,2012.

[36] 赵元凤,柴智慧.农户对农业保险赔款作用的评价——基于内蒙古500多户农户的问卷调查[J].中国农村经济,2012(04):66-75.

[37] 宫晓霞.新型农村社会养老保险制度建设中的财政支持研究[J].财政研究,2011(08):35-37.

[38] 徐强,王延中.新农保公共财政补助水平的适度性分析[J].江西财经大学学报,2012(05):41-49.

[39] 王小春. 新型农村社会养老保险制度可持续性研究[D].石家庄:河北工业大学,2013.

[40] 江蒿.南北供暖线划分始末[J].兰台内外,2015(02):27.

[41] 北方地区冬季清洁取暖规划(2017—2121年)[EB/OL]. http://www.gov.cn/xinwen/2017-12/20/5248855/files/7ed7d7cda8984ae39a4e9620a4660c7f.pdf.

[42] 侯隆澍,刘幼农,梁传志,等. 北方地区冬季清洁取暖的思考与建议[J].建设科技,2017(10):12-15.

[43] 何盛明.财经大辞典[M].北京:中国财政经济出版社,1990.

[44] Hui R X, Jiang P T, Wei Z, et al. Catastrophic risk, the disequilibrium of agricultural insurance markets and reinsurance-based on the data from Hubei[J]. Advanced Materials Research, 2013, 75(798):542-545.

[45] 史咏. 中国雾霾治理的利益协调问题研究[D].长春:吉林财经大学,2017.

[46] 海龙. 新型农村社会养老保险财政补贴政策研究[D].大连:东北财经大学,2014.

[47] 中国财政科学研究院资源环境研究中心课题组,陈少强,程瑜,樊轶侠,等.京津冀区域大气治理财税政策研究[J]. 财政科学,2017,(07):46-66+124.

[48] 戴佳静.江苏省财税补贴政策对大气雾霾治理的影响研究[D].南京:南京理工大学,2017.

[49] 刘文喜."家电下乡"财政补贴政策效应的分析[D].呼和浩特:内蒙古大学,2012.

[50] 赵建欣,张忠根.基于计划行为理论的农户安全农产品供给机理探析[J].财贸研究,2007(06):40-45.

[51] 赵建欣.农户安全蔬菜供给决策机制研究[D].杭州：浙江大学，2008.

[52] 中国煤控研究项目散煤治理课题组.中国散煤综合治理调研报告[R].自然资源保护协会，2018.

[53] 环保部．京津冀及周边地区 2017—2018 年秋冬季大气污染综合治理攻坚行动方案[EB/OL]. http://file.china-nengyuan.com/999/news_editor/files/2017/08/201708281552_85543300.pdf.

[54] 山西省人民政府办公厅关于印发山西省 2017—2018 年秋冬季大气污染综合治理攻坚行动方案的通知[EB/OL].http://www.shanxi.gov.cn/sxszfxxgk/sxsrmzfzcbm/sxszfbgt/flfg_7203/bgtgfxwj_7206/201710/t20171012_338877.shtml.

[55] 山东省生态环境厅.山东省环境状况公报 2017[EB/OL].http：//xxgk.sdein.gov.cn/xxgkml/hjzkgb/201806/t20180615_1362080.html.

[56] 天津市人民政府关于印发天津市居民冬季清洁取暖工作方案的通知[EB/OL]. 2017.11.29. http://gk.tj.gov.cn/gkml/000125014/201711/t20171129_75276.shtml.

[57] 仝晓波.晋陕蒙：气源地闹"气荒"[EB/OL].中国能源报，2017.12.25，（第 02 版）.http://paper.people.com.cn/zgnyb/html/2017-12/25/content_1826136.htm.

[58] 信娜.今冬供暖全市新增 40.77 万煤改电用户，用电补贴首次直发到户[EB/OL].新京报，2017.11.19.http：//www.bjnews.com.cn/news/2017/11/14/464205.html.

[59] 北京市农村工作委员会.解读《2018 年北京市农村地区村庄冬季清洁取暖工作方案》[EB/OL].2018.05.18.http：//www.beijing.gov.cn/zhengce/jiedu/34/1856673/1573427/index.html.

[60] 刘飞，姚杰，田梦，等.河北政府新闻办"强力攻坚秋冬季大气污染综合治理坚决打赢河北蓝天保卫战"新闻发布会全程实录[EB/OL].长城网，2018.01.07. https：//baijiahao.baidu.com/s?id=1588909902912252780&wfr=spider&for=pc.

[61] 宋习凌，张晓婷，李凌云.河南电力"煤改电"物资供应保障工作纪实[N].中国电力报.2017.11.27.http：//www.cpnn.com.cn/zdzg/201711/t20171127_1032757.html.

[62] 北京节能环保中心．北京市新能源和可再生能源技术应用评价[R]. 2015.6.

[63] 清洁空气创新中心、北京市环境保护科学研究院.散煤治理与清洁取暖工作指南——基于京津冀清洁能源改造项目研究[R]，2017.11.

[64] 李丹.建筑保温隔热材料的研究进展[J].绿色环保建材，2016（11）：10.

[65] 中国煤控研究项目散煤治理课题组.中国散煤综合治理调研报告[R].自然资源保护协会，2017.

[66] 葛继红，徐慧君，杨森，等.基于 Logit-ISM 模型的污染企业周边农户环保支付意愿发生机制分析——以苏皖两省为例[J].中国农村观察，2017（02）：93-106.

[67] 何可,张俊飚,张露,等.人际信任、制度信任与农民环境治理参与意愿——以农业废弃物资源化为例[J].管理世界,2015(05):75-88.

[68] 贺璇,王冰.京津冀大气污染治理模式演进:构建一种可持续合作机制[J].东北大学学报:社会科学版,2016(1):56-62.

[69] 赵新峰,袁宗威.京津冀区域政府间大气污染治理政策协调问题研究[J].中国行政管理,2014(11):18-23.

[70] 高建,白天成.京津冀环境治理政府协同合作研究[J].中共天津市委党校学报,2015(2):69-73.

[71] 夏光.环境政策创新:环境政策的经济分析[M].北京:中国环境科学出版社,2001:55.

[72] 肖金成.京津冀:环境共治生态共保[J].环境保护,2014,42(17):21-25.

[73] 马骏,李治国,等.PM2.5减排的经济政策[M].北京:中国经济出版社,2014:107-139.

[74] 郑志来.市场配置有效性与区域排污权交易市场的构建[J].节水灌溉,2015,6:66-69.

[75] 魏巍贤,马喜立.能源结构调整与雾霾治理的最优政策选择[J].中国人口·资源与环境,2015,(07):6-14.

[76] 龚梦洁,李惠民,齐晔.煤制天然气发电对中国碳排放和区域环境的影响[J].中国人口·资源与环境,2015,(01):83-89.

[77] 翁智雄,葛察忠,段显明,等.国内外绿色金融产品对比研究[J].中国人口·资源与环境,2015,25(6):17-22.

[78] 邓翔.绿色金融研究述评[J].中南财经政法大学学报,2012,(06):67-71.

[79] 姜丙毅,庞雨晴.雾霾治理的政府间合作机制研究[J].学术探索,2014,(07):15-21.

[80] 于宏源,毛舒悦.雾霾治理的多元参与机制机[J].电力与能源,2014,(02):133-135.

[81] 王惠琴,何怡平.协同理论视角下的雾霾治理机制及其构建饥[J].华北电力大学学报(化会科学版),2014,(04):24-27.

[82] 徐晓亮.资源税改革能调整区域差异和节能减排吗?—动态多区域CGE模型的分析[J].经济科学,2012,(5):45-54.

[83] 杨莉莉,邵帅,曹建华.碳税政策的经济效应研究述评[J].学习与实践,2012,(05):36-47.

[84] 张友国,郑世林,周黎安,等.征税标准与碳关税对中国经济和碳排放的潜在影响化世界经济,2015,(02):167-192.

[85] 樊明太,魏涛远,张晓光,等.低碳发展政策及其姐合的复合效应——基于北京动态CGE模型的政策模拟和成本有效性评估[J].工业经济论坛,2015,(01):31-47.

[86] 李佳维.经济激励型环境政策工具在我国沿江城市环境治理中的运用研究[D].昆明：云南师范大学，2017.

[87] 宋国君.城市煤炭总量配额交易可助散煤治理[R].中国能源报.2016，15.

[88] 李志青，陈依佳，邓凡，等.广东省环境经济政策评估分析：2015—2016[J].中国环境管理，2017，9（2）：57-62.

[89] 李志青，姚鑫悦，王睿，等.福建省环境经济政策评估报告：2015—2016[J].环境经济，2017（16）：58-65.

[90] 李创.环境政策CGE模型研究综述[J].工业技术经济，2012（11）：148-153.

[91] 国家发展改革委.关于北方地区清洁供暖价格政策的意见. [EB/OL]. https://www.ndrc.gov.cn/xxgk/zcfb/tz/201709/t20170925_962561.html.

[92] 陆乐.城市交通拥堵费征收的利弊分析[J].产业与科技论坛，2011，10（13）：55-56.

[93] 夏玉茹. 政府主导下我国新能源汽车产业发展研究[D]. 昆明：云南财经大学，2016.

[94] 王欣. 山西省财政支持新能源汽车推广应用的政策研究[J]. 山西财税，2016（12）：42-43.

[95] 安祺.环境政策的经济学分析方法及应用——焦炭行业环境税的减排效果和经济影响分析[C].中国环境科学学会环境经济学分会 2012 年年会.2012.

[96] 庞军，邹骥.可计算一般均衡（CGE）模型与环境政策分析[J].中国人口·资源与环境，2005，15（1）：56-60.

[97] 聂国卿.环境政策选择的经济学分析[D].上海：复旦大学，2003.

[98] 中国工业节能与清洁生产协会，中国节能环保集团公司编.中国节能减排发展报告能源与环境的双赢机会[M]. 北京：中国经济出版社，2014.

[99] 何燕，胡晓，等.经济激励政策对绿色建筑发展的促进作用分析[J].环境与可持续发展，2017，42（6）：34-39.

[100] 王宏利.能源财税政策成本效益分析[J].2006，1974（14）：29-42.

[101] 郭海涛.2016 年中国能源政策调整方向及重点研判[J].中国石油经济，2016，24（2）：1-7.

[102] 马杰.促进我国清洁能源发展的财税政策研究[M].北京：经济科学出版社，2014.

[103] 清洁能源行动办公室. 城市清洁能源行动规划指南[M].北京：中国环境科学出版社，2005：9-14.

[104] 傅泽强，智静.物质代谢分析框架及其研究述评[J].环境科学研究，2010，23（8）：1091-1098.

[105] 王军，周燕，刘金华，等.物质流分析方法的理论及其应用研究[J].中国人口，资源与环境，2006，16（4）：60-64.

[106] 莫虹频. 区域典型物质与能量代谢模拟及优化分析研究[D]. 北京：清华大学，2011.

[107] 李政，付峰，麻林巍，等. 基于能源平衡表的中国能流图[J]. 中国能源，2006，28（9）：5-18.

[108] 潘克西，朱汉雄，常征，等. 上海煤炭流向与先进燃煤发电路线图分析[J]. 上海节能，2014，1：18-24.

[109] 李红祥，徐鹤，董战峰，等. 环境政策实施的成本效益分析框架研究[J]. 环境保护，2017，45（04）：54-58.

[110] 陈丹，林明彻，杨富强. 制定和实施全国煤炭消费总量控制方案[J]. 中国能源，2014，36（04）：20-24.

[111] 罗宏，张保留，吕连宏，等. 基于大气污染控制的中国煤炭消费总量控制方案初步研究[J]. 气候变化研究进展，2016，12（03）：172-178.

[112] 柴发合，薛志钢，支国瑞，等. 农村居民散煤燃烧污染综合治理对策[J]. 环境保护，2016，44（06）：15-19.

[113] 杨洋，祁娇，张冉. 基于污染治理视角的洁净煤燃烧技术的经济效益和环境效益分析[J]. 矿业科学学报，2016，1（03）：291-298.

[114] 刘培伦. 散煤燃烧现状及防控策略研究[J]. 科技经济导刊，2017（18）：232.

[115] 郝宇，尹佳音，杨东伟. 中国能源贫困的区域差异探究[J]. 中国能源，2014，36（11）：34-38.

[116] 李默洁，王璐雯，米志付. 中国消除能源贫困的政策与行动[J]. 中国能源，2014，36（08）：40-43.

[117] 姚建平. 中国农村能源贫困现状与问题分析[J]. 华北电力大学学报（社会科学版），2013（03）：7-15.

[118] 张嘉强. 农户沼气使用及生态环境效益评价：来自恩施州的证据[D]. 武汉：华中农业大学，2008.

[119] 谢青青. 居民阶梯气价实行现状及效益评价研究[J]. 天然气技术与经济，2015，9（1）：67-69.

[120] 茹毅. 吸收式热泵技术在工业余热回收利用中的应用研究[D]. 太原：太原理工大学，2012.05.

[121] 钟连红，刘晓，李志凯，等. 北京居民生活用煤大气污染控制思路与对策[J]. 环境保护，2015，43（3-4）：77-78.

[122] 王东升，刘明锐，白向飞，等. 京津冀地区民用燃煤使用现状分析[J]. 煤质技术，2016(3)：

47-49.

[123] 李德英. 供热工程[M]. 北京：中国建筑工业出版社，2004：200-202.

[124] 马国远, 邵双全. 寒冷地区空调用热泵的研究[J]. 太阳能学报，2002，23（1）：17-21.

[125] 于涛，乔春珍，赵玉清. 空气源热泵+散热器低温采暖在北京农村地区应用的综合性分析[J]. 节能，2014（12）：51-55.

[126] 肖婧，王伟，郭庆慈，等. 空气源热泵在北京低温环境下运行性能的现场实测研究[J]. 建筑科学，2010，26（10）：242-245.

[127] 许磊. 夏热冬冷地区地源热泵技术的应用研究[D]. 南京：南京理工大学，2013.03.

[128] 国家发展改革委员会，关于印发《分布式发电管理暂行办法》的通知[EB/OL]. http://www.gov.cn/gongbao/content/2013/content_2515010.htm.

[129] 中国科学院山西煤炭化学研究所. 山西省工业燃煤锅炉能效提升及燃料替代技术路线研究与政策建议[R].太原：2017.

[130] 中国特种设备检测研究院. 中国工业锅炉能效指标体系研究[R].北京：2017.

[131] 刘惠萍，罗永浩，侯震寰. 工业锅炉清洁燃料替代与系统节能技术研究探索[J]. 上海节能，2012（2）：20-21.

[132] 张大生. 燃煤工业锅炉现状及能效提升途径研究[J]. 新商务周刊，2017（7）.

[133] 李澎. 燃煤工业锅炉现状及能效提升途径研究[J]. 中国化工装备，2016（6）：19-21.

[134] 孟庆堂. 费用效益分析在能源规划环境影响评价中的应用[D]. 天津：南开大学，2004.

[135] 冯炘，李玲，解玉红.天津市纤维素乙醇替代传统化石能源费用效益分析[J].产业与科技论坛，2015，14（14）：42-45.

[136] 云雅如，王淑兰，胡君，等.情景分析法在我国环境保护相关领域管理决策中的现状与展望[J]. 中国人口•资源与环境，2012，22（S2）：131-135.

[137] 孟亚东，孙洪磊. 京津冀地区"煤改气"发展探讨[J]. 国际石油经济，2014，（11）：84-90.

[138] 曾春花.北京某区域分布式能源规划环境效益及环境问题分析[J].沈阳工程学院学报(自然科学版)，2014，10（04）：305-308.

[139] 刘媛. 生物质发电环境成本核算及效益评估[D].北京：华北电力大学，2014.

[140] 黄莹灿，李梦，王燕楠，等.风电节能减排环境经济效益分析[J].中国市场，2014（24）：135-139+174.

[141] 李长安，王德刚，李小龙.规模化养猪场沼气工程成本效益典型案例研究[J].浙江农业科学，2013（12）：1679-1682.

[142] 刘叶志，余飞虹.户用沼气利用的能源替代效益评价[J].内蒙古农业大学学报（社会科学版），2009，11（01）：105-107.

[143] 刘俊.污染治理投资评价理论与方法探讨[D].上海：同济大学，2006.

[144] 黄渝祥，刘俊.大气污染防治项目的费用-效果分析[J].同济大学学报（社会科学版），2007（02）：108-111.

[145] 王诺，程蒙，臧春鑫，等.成本-效果分析/成本-效益分析方法在雾霾治理研究中的应用[J].中国人口·资源与环境，2015，25（S2）：85-88.

[146] 巫永平，喻宝才，李拂尘.基于成本收益分析的"天然气替代燃煤政策"评估——兼论天然气替代燃煤的经济效益和环境效益[J].公共管理评论，2014，16（01）：3-14.

[147] 朱琳.基于成本—效益的节能减排政策执行效果分析[D].天津：天津师范大学，2014.

[148] 清洁空气创新中心，北京市环境保护科学研究院（能源基金会资助）.散煤治理与清洁取暖工作指南技术与案例集 [R]，2017.

[149] 清洁空气创新中心.城市空气质量达标规划编制手册[R]，2017.

[150] 陆大道.关于"点-轴"空间结构系统的形成机理分析[J].地理科学，2002（01）：1-6.

[151] 王忠良，华德尊，李春艳.大气环境容量与工业布局关系研究[J].环境科学与管理，2008，（1）：18-21.

[152] 北京节能环保中心（能源基金会资助）.北京市新能源和可再生能源技术应用评价[R]，2015年6月.

[153] 清华大学建筑节能研究中心（能源基金会资助）.北京PM2.5与冬季采暖热源的关系及治理措施项目成果报告[R]，2014年8月.

[154] 住房和城乡建设部科技发展促进中心，北京大学城市规划设计中心（能源基金会资助）.中国绿色建筑技术经济成本效益分析研究报告[R]，2012年12月.

[155] 郝吉明，王金南，蒋洪强，等.环境承载力约束下的国家产业发展布局战略研究[J].中国工程科学，2017，19（04）：20-26.

[156] 刘铁.城区清洁能源替代政策的影响评估[D].上海：上海交通大学，2009.

[157] 国家能源局.关于开展北方地区可再生能源清洁取暖实施方案编制有关工作的通知[EB/OL]. http：//www.gov.cn/xinwen/2017-06/13/content_5202188.htm.

[158] 叶建东，章永洁，蒋建云，等.农村型煤替代散煤采暖对比分析[J].建筑节能，2016，44（11）：102-103.

[159] 蒋建云，章永洁，叶建东，等.北京农村地区燃煤供暖替代技术方案实效对比[J].暖通空调，2016，46（09）：51-55.

[160] 刘睿，翟相彬. 低碳火电项目成本效益分析[M]. 北京：中国电力出版社，2015.

[161] 李江龙. 中国的能源转型：环境治理约束视角[M]. 北京：经济科学出版社，2017.

[162] 任勇，周国梅，等. 环境政策的经济分析：案例研究与方法指南[M]. 北京，中国环境科学出版社，2011.

[163] 王春兰，许诚，徐钢，等.京津冀地区天然气和热泵替代燃煤供暖研究[J].中国环境科学，2017, 37（11）：4363-4370.

[164] 庞卫科，吕连宏，罗宏.适用于我国农村地区的低温空气源热泵采暖技术[J].环境工程技术学报，2017, 7（03）：382-387.

[165] 武中，李强，徐红涛.供暖领域电能替代效益分析[J].浙江工业大学学报，2015, 43（05）：508-511.

[166] 儿童投资基金会，自然资源保护协会，能源基金会，等.中国散煤综合治理调研报告2017[R]，2017年11月.

[167] 国家发展改革委，国家能源局. 关于调查"煤改气"及天然气供需情况的通知[EB/OL]. http：//www.gov.cn/zwgk/2013-12/04/content_2541845.htm.

[168] 张宗喜，张营华，李昊. 中国北方地区清洁取暖分析及建议[J]. 能源与环境，2020，No.159（02）：9-11.

[169] 曹承辉. 我国绿色治理的概念谱系与机制逻辑[J]. 青年时代，2019（7）：67-68.

[170] 陈寿安. 优化细化清洁取暖"气代煤"专项补贴办法[J]. 城市燃气，2019, 529（03）：40-42.

[171] 刘瑞芳.《关于促进可再生能源供热的意见(征求意见稿)》编制说明[J]. 建设科技，2017, 336（10）：10-11.

[172] 中国煤控研究项目散煤治理课题组.中国散煤综合治理调研报告[R].自然资源保护协会，2019.

[173] 罗宏，张保留，张型芳. 中国煤炭消费总量优化分配研究[M]. 北京：中国环境出版社，2018.

[174] 吕连宏，张保留，罗宏. 京津冀及周边地区产业与能源结构优化研究[M]. 北京：中国环境出版社，2019.

[175] 张灿，周志恩，杨三明. 推行洁净煤技术促进重庆市节能减排[J]. 三峡环境与生态，2010，（03）：52-56.

附录　农村居民清洁取暖态度调查问卷

问卷编号_____

月　日

尊敬的居民：

您好！非常感谢您在百忙之中参加此次问卷调查。

我们是中国环境科学研究院能源与环境经济研究课题组的硕士研究生，在开展一项关于居民对清洁能源及清洁取暖态度的调研，在这份问卷中，我们将向您询问一些关于清洁能源的问题，您的所有回答均用于学术研究，所有信息都会得到保密，请您放心！

衷心感谢您参加我们的问卷调研！

第一部分：环境意识水平调查

1. 你关注过最近的雾霾事件吗？
A 没听说过　　　　　　　　⇨第3题
B 了解一些
C 比较了解
D 非常关注

2. 请问您是从哪里听说的呢？
A 从电视上
B 从报纸上
C 从互联网上
D 从朋友那里
E 日常工作/生活中接触过
F 通过学习了解
G 其他（请填写）_____

3. 您觉得居民烧煤炭对空气质量有多大影响呢？和汽车尾气、工业排放相比呢?

　　A 没有影响

　　B 有一点影响，但不是主要原因

　　C 是主要原因之一，三项污染都很重要

　　D 是最主要的原因，现在其他污染源基本上都整治得差不多了

4. 您听说过清洁能源吗?

　　A 听说过　　　　　　⇨第 5 题

　　B 没听过　　　　　　⇨第二部分

5. 您认为以下哪些能源属于清洁能源?（可多选）

　　A 无烟煤　　　　B 太阳能

　　C 风能　　　　　D 汽油

　　E 天然气　　　　F 核能

　　G 柴油　　　　　H 木柴

　　I 褐煤　　　　　J 石油

6. 下面我们列出了一些说法，对每一种说法，请您用 1~5 分来打分。

| 完全反对 | 反对 | 既不赞同也不反对 | 赞同 | 完全赞同 | 不知道 |
| 1 | 2 | 3 | 4 | 5 | 0 |

序号	说法	打分
1	烧煤产生的一些废气会危害人类身体健康	
2	清洁能源对环境完全没有污染	
3	利用清洁能源对于改善气候变暖有帮助	
4	清洁能源的开发成本较低	

第二部分：取暖能源利用情况调查

1. 请问您家是什么时候进行清洁取暖改造的呢?

　　A 2012 年以前　　B 2012 年　　　　C 2013 年　　　　D 2014 年

E 2015 年　　　　F 2016 年　　　　G 2017 年　　　　　H 2018 年

2. 您家之前取暖用的是?

　　A 传统燃煤采暖炉　　　B 柴火炉（使用木柴、秸秆等）　　C 沼气炉

　　D 清洁煤采暖炉　　　　E 电采暖炉（壁挂式电锅炉）　　　F 空调

　　G 电暖器　　　H 热泵　　　I 燃气锅炉　　　J 燃气壁挂炉

　　K 生物质成型燃料专用炉具　　　L 太阳能复合能源采暖设备

　　M 其他（请填写）_____

3. 您家现在是用什么设备/方式取暖的?

　　A 集中供暖　　B 传统燃煤采暖炉　　　C 柴火炉（使用木柴、秸秆等）

　　D 沼气炉　　　E 清洁煤采暖炉　　　　F 电采暖炉（壁挂式电锅炉）

　　G 热泵　　　　H 空调　　　I 电暖器　　　J 燃气壁挂炉

　　K 燃气锅炉　　L 生物质成型燃料专用炉具

　　M 太阳能复合能源采暖设备　　　N 其他（请填写）_____

第三部分：清洁取暖意愿调查

1. 您为什么决定安装清洁取暖设备呢?（可多选）

　A 政府要求

　B 随大流，与大家一起改

　C 现在改有补贴

　D 用新设备比用之前的设备更方便、干净

　E 新设备所使用的能源更易于获取

　F 为减轻环境污染做贡献

　G 其他（请填写）_____

2. 您对新设备的取暖效果满意吗?

　A 非常满意

　B 满意

　C 不满意

　D 非常不满意

3. 您家在完成清洁取暖改造之前一个取暖季的取暖费用是_____元,

一个取暖季大概需要烧_____吨煤（如不是烧煤取暖则不填）。

4. 您家安装取暖设备花了_____元（不包含补贴）。

5. 改完之后一个取暖季的取暖花销是_____元（不包含补贴）。

6. 您是否了解您家安装和运行清洁取暖设备过程中的补贴标准和领取方式？

A 没听过

B 不了解

C 了解一些

D 非常了解

7. 这些补贴标准和领取流程都是从哪些渠道了解的呢？

A 政府工作人员上门宣传

B 政府张贴公告

C 电视宣传

D 听家人朋友说的

E 村里开座谈会

F 其他

8. 您对政府发放的取暖补贴标准满意吗？

A 非常满意

B 满意

C 不满意

D 非常不满意

9. 一个取暖季，您可以接受的最高取暖开销为？

A 0～1000 元　　　　B 1000～2000 元　　　　C 2000～3000 元

D 3000～4000 元　　　E 4000～5000 元　　　　F 5000～6000 元

G 6000～7000 元　　　H 7000～8000 元　　　　I 8000～9000 元

J 9000～10000 元

10. 您对政府取暖补贴的领取方式满意吗？

A 非常满意

B 满意

C 不满意

D 非常不满意

11. 若未来不再发放补贴，您是否会选择使用之前的设备取暖？

A 会 　　　　　　　　B 不会 　　　　　　　　C 不一定

12. 您家的取暖时间大约为：____月____日到____月____日。

第四部分：家庭基本信息调查

1. 性别：A 男 　　　　　　　　B 女

2. 您的年龄？ _____岁

3. 您的受教育年限为_____年（请填具体年份）。

（参考：小学毕业：6 年，初中毕业：9 年，高中毕业：12 年，大学本科毕业：16 年……以此类推）

4. 您家的常住人口为_____人。

5. 2017 年您家里常住人口的总年收入为_____元。

6. 您家平均一个月电费交_____元。

7. 您家采暖的房屋面积为_____平方米。

再次感谢您的配合，祝您生活愉快！